# 历史穿越报

# 抗倭英雄戚继光

彭凡 编著



化学工业出版社
·北京·

**图书在版编目（CIP）数据**

抗倭英雄戚继光 / 彭凡编著. -- 北京 : 化学工业出版社, 2025. 11. -- (历史穿越报). --ISBN 978-7-122-49235-7

Ⅰ. K825.2-49

中国国家版本馆 CIP 数据核字第 20258AF337 号

KANGWO YINGXIONG QI JIGUANG

# 抗倭英雄戚继光

责任编辑：隋权玲　　　装帧设计：孙　沁

责任校对：田睿涵

出版发行：化学工业出版社（北京市东城区青年湖南街 13 号　邮政编码 100011）

印　　装：天津市豪迈印务有限公司

710mm×1000mm　1/16　印张 9½　字数 90 千字　2026 年 2 月北京第 1 版第 1 次印刷

购书咨询：010-64518888　　　售后服务：010-64518899

网　　址：http://www.cip.com.cn

凡购买本书，如有缺损质量问题，本社销售中心负责调换。

定　　价：39.80 元

# 前言

在中国历史上，有这样一群人：他们居于一人之下，万人之上，或高居庙堂，指点江山；或驰骋沙场，大杀四方。

他们是君王治国最得力的助手，是百姓安居最可靠的倚仗。

他们的一举一动，都关系到天下治乱，国家兴亡。

他们是武官的表率，是文官的典范。

他们的无限风光和荣耀，不能不令人产生无尽的好奇和向往。究竟是怎样的人生经历，才成就了那样夺目的辉煌？

他们的风光背后，是否还有不为人所知的辛酸和坎坷？

机关权谋背后，是否也有无奈的叹息？

铮铮铁骨之后，是否也有儿女柔情？

为了搞清楚这些问题，我们的穿越报团队再次出发，穿越到历史的各个时空，实时记录这些大人物传奇的一生。

历经九死一生后，我们终于带回了成果，就是这套“历史穿越报”。这套书分别记录了商鞅、项羽、卫青、曹操、诸葛亮、狄仁杰、苏轼、岳飞、戚继光等名臣的成长历程。

每个分册分为12期内容，每期都有五花八门、精彩纷呈的栏目。

“龙虎风云”和“顺风快讯”是主打栏目，用来记录这些大人物一生中的重大事件，见证他们的大起大落，大喜大悲。

“百姓茶馆”是我们搜集到的当时百姓的言论，各种小道消息，八卦趣闻，应有尽有。

“快马传书”是来信栏目，古人将他们的烦恼和困扰写到信中，寄到编辑部，由最贴心的编辑穿穿为他们出谋划策，排忧解难。

“名人来了”是一个采访栏目，由大嘴记者越越负责。他将直接与大人物对话，挖掘和探索他们的内心世界。

除此以外，还有“绝密档案”“八卦驿站”“广告小铺”“嘻哈乐园”等精彩栏目。

我们希望读者在看完这套书后，不仅能了解这些大人物跌宕起伏的一生，还能学习到他们非凡的智慧和勇气，并以他们为榜样，立志成为和他们一样卓越的人。

# 目录

## 第1期　将门之后



## 第2期　一鸣惊人

## 第3期　倭寇来了



## 第4期　魔鬼训练

# 目录

## 第5期　岑港之战



## 第6期　义乌奇兵

## 第7期　台州九捷



## 第8期　向福建进军

# 目录

## 第9期　再次向福建进军



## 第10期　北上平虏

## 第11期　镇守北疆



## 第12期　英雄末路

# 第1期

公元1528年—公元1544年

# 将门之后

戚繼光傳

## 穿越必读 CHUANYUE BIDU

古往今来，能打仗的人很多，但能打仗又能写文章，还能搞军事发明、搞建筑防御工程的军事家并不多，戚继光就是其中之一。由于祖上立有战功，戚继光一出生，就是一名将门世家的子弟。这位生来就是将军命的男孩，有着怎样不同寻常的童年时光呢？

# 戚将军老来得子

## ——来自山东济宁州的喜讯

（本报讯）明朝嘉靖七年闰十月初一（1528年11月12日）的凌晨，山东济宁州鲁桥镇（今属济宁市微山县）的百姓大多还在睡梦中，镇里的漕运官署却还亮着烛火，里面上上下下忙作一团，廊下还有名男子急得来回转圈。

这个男人叫戚景通，本来是登州卫指挥佥事，是名武将，朝廷临时委派他到这里负责漕运相关事务。

这会儿他心里又高兴又着急：高兴的是，他都五十六岁了，与嫡妻张夫人成婚多年，一直没孩子，新纳的二房王夫人进门没多久就怀上了，盼了半辈子，总算要当爹了；着急的是，眼看天快亮了，产房里还没传出婴儿的啼哭声。

也不知道又等了多久，突然，“哇”的一声婴儿啼哭从产房传出来。不一会儿，接生婆就眉开眼笑地跑出来向戚景通道喜：“恭喜将军，夫人生了个大胖小子！”

正好这时候，天色已经大亮，明媚的阳光洒满大地。看着襁褓中粉嘟嘟的娃娃，戚景通笑得合不拢嘴：“今天天气这么好，就叫他继光吧，希望他将来能继承祖业，光宗耀祖！”

# 生来就是将军命

戚景通为人古道热肠，刚正不阿，当地百姓都很敬重他。听说他老来得子，大家都赶来祝贺：

"恭喜戚将军，戚家终于后继有人了！"

"是啊，继光真是有福气，生来就是将军命！"

"生来就是将军命？还有这种事？"小记者有点好奇，跑去一打听：哇，没想到是真的——

原来，戚家有位先祖，叫戚祥。在大明开国皇帝朱元璋还是一位农民军小头目的时候，他就跟在朱元璋身边东征西讨了。

朱元璋当了皇帝后，戚祥因功被授予应天卫（今南京）百户官。洪武十四年（1381年），戚祥随军出征云南，却不幸战死。军队凯旋后，按惯例拟了一份阵亡名单，以便朝廷追赠他们官职，封赏他们的家属。

朱元璋看到戚祥的名字，想起一些往事，心中一阵难过，于是给戚家送了一份大礼——封戚祥的儿子戚斌为明威将军，任登州卫指挥佥（qiān）事，"世袭罔替"。也就是说，以后这个官职，就归戚家所有。只要戚家有儿子，就可以世世代代传下去，父亲死了传给儿子，儿子死了传给孙子……当然，前提是明朝不灭亡。

戚家得了这个铁饭碗，从此代代习武，一直传到戚景通这一代。戚景通给儿子取名"继光"，也有希望他继承和发扬这份荣光的意思。也就是说，作为戚景通的长子，戚继光是注定要做将军的！

# 老将军教子

戚景通虽然老来得子，但对戚继光却并不溺爱。在戚继光还很小的时候，戚老将军就教他读书识字，练习武艺。小继光每天跟着父亲闻鸡起舞，勤学苦练，风雨无阻。

有一次，登州老屋年久失修，戚家便找来工匠修葺。

安装门窗时，小继光见门窗雕得精美，十分喜欢。工匠见了便笑着说：“戚公子，要论功劳官爵，您家装十二扇才威风呢！”

戚继光一听，便跑去跟父亲央求，说要装十二扇门窗。

戚景通听了脸色一沉，指着墙上“忠孝廉节”四个大字，说道：“咱们家世代为官，图的是忠孝报国，怎么能贪慕虚荣讲排场呢？”小继光从此将父亲这番话牢牢记在心里。

还有一次，外祖母心疼戚继光年幼丧母，平日里衣衫颇为朴素，送给他一双漂亮的丝鞋。可他记着父亲的教诲，一直没穿，直到有人劝他：“这鞋再不穿就小啦！”这才穿上。

谁知他刚出门，就被戚景通撞见了。老将军马上批评他说：“你一个小孩子家，怎么能穿成这样？穿了好鞋，就想穿好衣服；穿了好衣服，又想吃好东西。你小小年纪就贪图吃穿，将来当了将军，只怕会贪得无厌，那还怎么当好将军！”

在老将军的严格管教下，戚继光小小年纪就文武双全，并立下大志——将来要像岳飞那样，做个忠孝廉节的好将军！

# 这个哥哥气死人

编辑老师：

您好，我是戚继光的妹妹。说起我这个哥哥，简直气死人！

别人家的兄弟姐妹，都是一起做游戏一起玩耍，他却总是抱着那些大部头兵书啃啊啃，偶尔出去玩，也是叫上一大群男孩子，用泥巴筑城池，用碎石头、瓦块垒营地，用彩纸做旗子，带领他们排兵布阵、分进合围、进攻防守，玩得跟真的似的。

唉，他倒是开心了，可我呢？我一个女孩子家，怎么玩这种打仗游戏啊！烦死了！

有一次，我一生气，夺了他们的小旗子跑了。哥哥一直追着我要，我就是不给。您猜怎么着？他竟然去田里抓了一条长虫来吓我，吓得我哇哇大哭，只好把旗子还给了他。

唉，您说，有他这么当哥哥的吗？

戚继光的妹妹

亲爱的戚小妹：

别生气，别生气，哥哥这样吓妹妹确实不对，回头让你爹好好批评一下他。不过，你知道他为什么一定要追回那面旗子吗？

也许在你看来，你哥玩的只是游戏，可在他看来，他们是在“真刀真枪”地打仗。而那面小彩旗，是他们的军旗。军旗是一支军队最光荣、最神圣的象征，通常是“人在旗在，旗毁人亡”。你把这么重要的东西抢了去，你哥哥身为首领，当然有责任把军旗夺回来！

所以，你就别抱怨你哥哥了。依我看，你哥哥确实是当将军的材料！以后，你会为自己是戚继光的妹妹而感到自豪的！

编辑★穿穿

# 老将军解甲归田

你们知道吗？戚老将军从神机营辞职了！他从大宁掌印官调任神机营副将没几年，为何突然辞职呢？这神机营是明朝军队中的火器部队，是朝廷直接指挥的战略机动部队，我做梦都想去呢！

小兵甲

小兵乙

听说是急着回去给母亲养老尽孝。不过，我觉得那是借口。戚将军为人正直，为官清廉，可现在官场什么样？贪污成风，受贿成性，戚将军是不愿意与那帮人同流合污，才解甲归田的！

主要还是为了他的宝贝儿子戚继光吧！听说戚继光的亲生母亲嘉靖十六年（1537年）腊月就去世了，虽然嫡母张夫人知书达理，对他视如己出，但男孩子嘛，还是需要父亲多多教导。老将军不止一次和我说，希望趁着自己这把老骨头还能动的时候，把儿子培养成国家的栋梁之才呢！

小兵丙

小兵丁

老将军走的时候还说，如今漠南蒙古部落大举进犯我朝北方边境，严重威胁国家安全，他就算辞职了，也会时刻把国家安危记在心上，争取早日想出御敌之策，以报效国家！

# 小将军的求学路

戚景通退休前，戚继光像普通学子那样，一直在私塾读书。

戚家祖辈为官廉洁，家风清正，虽然世代为官却没攒下什么钱财。戚景通为人刚正，从不贪赃枉法，为官数十年，仅靠微薄的俸禄养家糊口，因此虽官至将领，家中依旧不宽裕。

嘉靖二十三年（1544年），戚继光正式袭父职为登州卫指挥佥事（正四品武官）。然而身份的转变，却让他的求学之路陷入困境。这是为什么呢?

原来，按明代礼制，正四品武官在公开场合出行，需按品级配备车马与随从仪仗，若徒步往返，会被视为有失官体。而戚家家无余财，根本无力置办这些。戚继光既不愿违背家风铺张，又不愿因徒步上学遭人非议，因此无法再像从前一样前往私塾读书。

这事很快传到了他的私塾先生梁玠的耳中。梁玠是当地有名的秀才，学识渊博，为人正直。他深知戚家品性，也欣赏戚继光平日的聪慧好学，便主动找上门，提出每天下午到戚家来授课。

要知道，请这么一位有声望的先生上门，普通人家压根承担不起。戚继光既感激又忐忑，几次提及学费事宜，都被梁玠摆手回绝。此后，无论刮风下雨，梁玠每天准时步行三四里路来授课，教完就走，连口水都不肯多喝。

戚继光看在眼里，急在心里。他知道老师家境也不宽裕，却为自己如此奔波，又分文不取，实在过意不去，想感谢一下老师。

该怎么感谢才好呢？

要不，请老师吃顿饭吧？

于是，一天课后，戚继光让家人给老师置办了一桌丰盛的宴席。

没想到，梁老师见了，立刻沉下脸："你父亲一生清廉，你怎么可以备这样的饭菜？难道我来教你读书，是为了吃你一顿饭吗？"说完就起身要走。

戚继光顿时红了脸，赶紧撤下饭菜。

梁老师这才放缓语气："你身为将门之子，身处清贫，还这么好学，这份心最难能可贵。我上门授课，只望你能刻苦用功，将来学有所成，为国家出力，莫要辜负了为师这份心才好啊。"

老师的话像一颗种子，落在了戚继光的心田。

望着墙上父亲题写的"忠孝廉节"四个字，想起父亲和老师平日的教诲，戚继光不由得暗下决心——一定要努力用功，绝不辜负父亲和老师，学好本领将来好好报效国家，闯出一番天地来！

好好读书，等你当官了，咱们家就有钱了。
你骗人，他当了将军，还不是一样穷！

**越越**（简称越）大嘴记者

**戚景通**（简称通）特约嘉宾

嘉宾简介：曾任大宁都司都指挥使、京城神机营副将。他出身将门世家，为人正直，为官清廉，对待孩子也从不娇纵、不溺爱，既是一位好将军，又是一位好父亲。

越：戚老将军，您这老来得子，一定很开心吧？

通：那是当然。你想想，如果没有儿子，我们戚家这世袭的官职，就要被我给断送了，那我死后怎么有脸去见我的大伯呢？

越：大伯？这事跟您大伯有什么关系？

通：这个世袭的官职原本是我大伯的，因为他没有孩子，我就被过继给他了，这才有机会当将军。

越：原来如此。那您堂堂一个将军，工资应该很高啊，怎么你们家穷得叮当响呢？

通：小记者有所不知，我们大明官员的俸禄低得可怜，能养家糊口就不错了！

越：那为什么别的官员还是天天吃香的、喝辣的，出门前呼后拥呢？他们怎么有那么多钱？

通：哼，那还不是贪污受贿获取的不义之财！

越：您老这么高的官职，难道没有人向您行贿？

通：怎么没有！当年我们军队少个副官，很多人向我送礼，但我不惜得罪他们，举荐了一个叫安荣的人。

越：噢，那个安荣可真幸运！

通：别提了，最后那安荣也给我送了一百两银子，气得我呀，把他大骂了一通。

越：啊，为什么？

通：我举荐他，是因为他是贤能之才，他给我送银子，不就表示我看错人了吗？

越：说得也是。要是大明的官员都像您这样廉洁就好咯。

通：别人我管不了，但我戚景通俸禄再少，也绝不会贪污受贿，这是我做官的基本原则！

越：可您这家徒四壁的，除了这官位，以后有什么东西可以留给继光呢？

通：“授产何若授业，片长薄技免饥寒；遗金不如遗经，处世做人真学问。”我能留给儿孙的，就是一颗忠君爱国的赤子之心。希望他能为官清廉，建功立业，好好地报效国家！

越：呃……“建功立业”肯定没问题！至于“为官清廉”嘛，薪水这么低的话，要求有点高啊……

通：我戚家的子孙，再穷也不会贪，我有信心。

越：那可不一定！

通：（急）啊，你的意思是，他以后会是一名贪官吗？咳——咳——咳——

越：将军莫急，莫急！您都病成这样了，就别操这个心了！“虎父无犬子”，他以后肯定是名好官！

通：嗯，我这孩子皮是皮了点，但根子还是很正的，定不会辱没我戚家门风！

越：对对对，“戚继光”这三个字将来一定会万古流芳，您就放心吧。老将军保重，再见！

# 广告小铺

## 搬家公告

本人因调任大宁卫（驻今河北保定），不能常住家中。次子继美刚刚出生，为方便照顾一家老小，现决定让夫人带着老人和孩子（这时候戚继光六岁）回登州老家生活。

谢谢街坊邻居多年来对我们的关心和照顾。欢迎大家有空来家中做客。

戚景通

## 升职公告

戚景通在大宁卫任职期间，治军严谨，政绩显著，立了不少功，现将他调入京师神机营任副将，负责统筹神机营火器训练，规范火绳枪、火炮操作流程；制定“车骑火器协同作战”预案，强化京畿宿卫能力；将边防实战经验融入火器战术，为神机营注入边军作战思维。望戚景通尽心履职，再建新功！

大明兵部

## 求资料

这些年，漠南蒙古部落不断大举南犯，威胁我大明的北方边境。本人虽已告老还乡，但心中无时无刻不牵挂着国家的安危。现决定把自己从军多年对付蒙古军的经验编写成书，希望能对国家有所帮助。欢迎各位和蒙古军队打过交道的同仁向我提供资料，不胜感激。

戚景通

# 第2期

公元1544年—公元1553年

# 一鸣惊人

戚继光秀

## 穿越必读 CHUANYUE BIDU

戚景通病逝后，戚继光子承父业，成了一名少年武将。为了让自己快速成长起来，已经官居四品的他，决定进京赶考。在经历一场特别的考试之后，戚继光的命运被彻底改写……

# 老将军卖房凑路费

## ——来自山东蓬莱的特别快报

嘉靖二十三年（1544年）六月，由于父亲戚景通年老多病，年轻的戚继光不得不一个人前往京城，办理世袭登州卫指挥佥事一职的正式手续。

可是这一路山高水长，进京又需要打点，没钱怎么行呢？戚景通一咬牙，卖掉了家里的老房子，给儿子凑了一笔盘缠。

临行前，戚景通拉着儿子的手，严肃地说：“我留给你的就这些了，你可不要随便用掉了啊。”

戚继光郑重地点点头：“我只有努力让它增加才行，怎么敢随意挥霍呢？”

送行的亲友们听了一头雾水，戚继光这小子想让钱增加，难道是想贪污吗？那戚景通一辈子的名声不就毁了吗？

只有这父子俩才明白，戚继光想增加的，并不是钱财，而是戚家代代相传的荣耀。

待戚继光办完手续返乡时，父亲戚景通已经与世长辞了，留给他的，只有无尽的思念……

# 娶了一个“母老虎”

大喜事，大喜事！戚家小子戚继光与南溪王栋将军家的小姐成婚了！听说这王姑娘精通武艺，还随父兄在军营生活过一段时间。一个是将门虎子，一个是将门虎女，两人可说是门当户对，天作之合啊！

单身的张铁牛

羡慕什么啊！他们夫妻打架，戚继光都不是她的对手，脸都被她抓花了！唉，堂堂一个四品官，怎么娶了这么一个母老虎呢！

东村的狗蛋

你懂什么！别看戚继光端的是四品官的饭碗，家里其实穷得叮当响。要是换作别的官家小姐，早就退婚了。亏了人家王姑娘重情重义，愿意下嫁。虽然王姑娘脾气火暴了一点，但做媳妇还是挺贤惠的。戚继光能娶这么好的姑娘，那是他的福气呢。

鲁桥客栈
老板娘

你们真是“咸吃萝卜淡操心”！人家两个是夫妻，偶尔吵一吵、闹一闹，不挺正常的吗？再说了，怕老婆怎么了？怕老婆是因为爱老婆，怕她不开心！怕老婆的才是真男人、好男人！

孙大娘

# 初任登州卫

嘉靖二十五年（1546年），十九岁的戚继光踌躇满志，意气风发地来到登州卫走马上任了。

可刚进营门，他就傻眼了：营里的官兵不是三五成群地凑在一起喝酒赌钱，就是瘫在营帐里混日子，完全没点当兵的样子。

“新官上任三把火”，戚继光准备“烧把火”，整顿一下军纪。可刚颁布了几条新规，士兵们就炸开了锅：

“哪来的毛头小子，胡子都没长起来，也敢管我们？”

“我们吃的盐比你吃的饭还多，凭啥听你瞎指挥？”

戚继光叹了口气：唉，既然管不了别人，就先管好自己吧。

从那以后，他成了营里最特别的一个人——天没亮就起床，先绕着军营跑上五圈，跑完扎马步，举石锁，再练刀术、射箭，不断增进自己的武艺；到了晚上，别人忙着喝酒聊天，他却一个人钻进营帐里啃兵书，常常读到烛火快燃尽才罢。

有一次读书读到激动处，他在案头随手写下一首小诗，其中两句是这样的：“封侯非我意，但愿海波平。”意思是，封侯封爵当大官，并不是他的理想，他平生最大的心愿，就是海上太平，老百姓可以过上安居乐业的生活！

就这样，当别人浑浑噩噩、贪图享乐时，戚继光却怀着满腔热血，忍受着冷清与寂寞，一个人默默努力着、准备着。

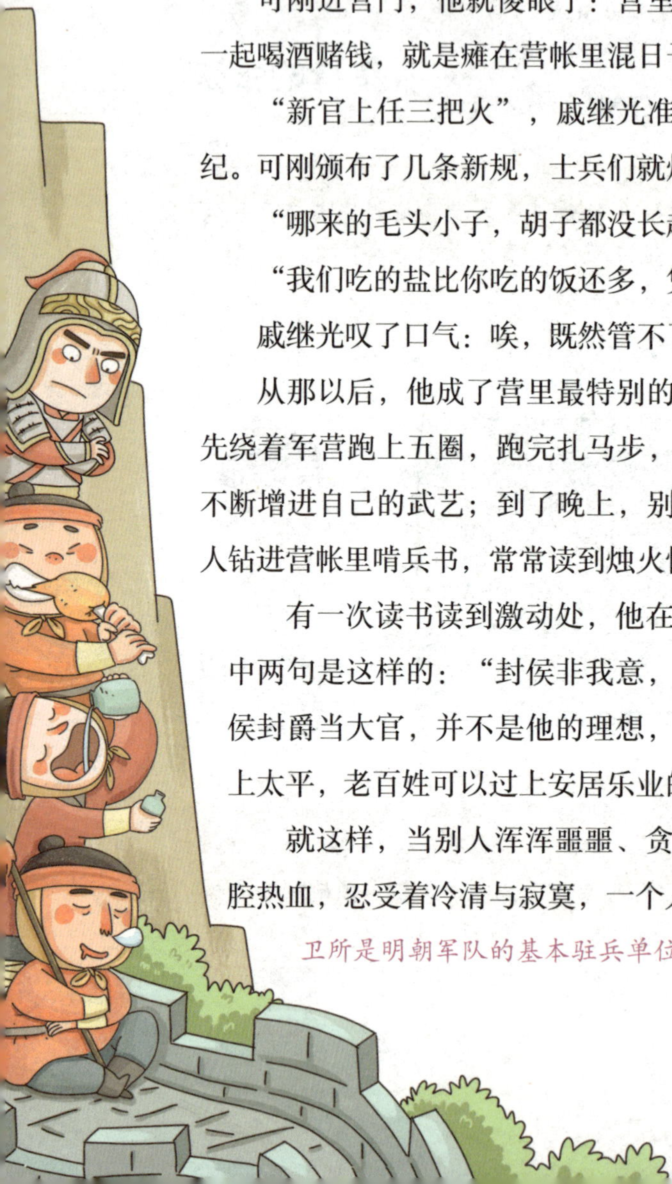

卫所是明朝军队的基本驻兵单位，由卫指挥使统领。

看！戚继光这么早就在跑步了！
看！戚继光还在练功！
看！戚继光这么晚还在读书！
看到了吗？比你优秀的人还比你更努力！

# 哪里才是我的出路？

编辑老师：

您好！没来登州卫前，我满脑子都是英雄式的想象——练兵啦，打仗啦，总之，就像史书上所有的名将一样，一心希望能够报效国家，建功立业。

然而，真实的登州卫却让我大失所望。军队腐败成风，军官们私吞军田，压榨军户，士兵们心中不满，士气全无。前阵子倭寇来袭，整个卫所居然没有一个官兵出动！

虽然我很想带着大家一起冲出去，可这里的人，却没有一个愿意听我的号令！再这样下去，我这个官做得还有什么意思呢？

新任登州卫指挥佥事 戚继光

戚指挥：

您好！您有没有想过，为什么您堂堂一个四品官，却管不住手下那帮兵油子呢？原因就是，别人觉得您能当上这个官，靠的是祖上的荫蔽，并没有什么真本事。

既然这样，您为何不参加武举考试，向大家证明您的能力呢？大明朝重视科举，武举出身的地位仅次于文举考中的进士，有的军官后代，甚至连武举都看不上，直接参加文举。

您若是能通过武举考试，得到朝廷认可，不就证明您确实有当指挥佥事的本事吗？而且，说不定还有机会认识更多的人才，获得更大的舞台呢！

编辑 穿穿

同文举一样，明朝的武举也分成乡试、会试和殿试。嘉靖二十八年（1549年），戚继光在济南通过乡试，成了一名武举人。

# 一场特别的考试

嘉靖二十九年（1550年），二十三岁的戚继光来到京师参加会试。

就在考试快要结束的时候，朝廷却突然下令，大家都不要考了，马上集合去前线吧，俺答汗来了！

俺答汗是谁？俺答汗是个蒙古人。

说起来，蒙古和大明也是老冤家了，自从被太祖朱元璋赶到塞外去之后，蒙古人就和大明展开了持久战。双方打了无数次，谈了无数次，打完再谈，谈完再打，打得蒙古分裂成三部分，最后只剩下土默特这个部落还有点实力。

而俺答汗，就是土默特部的首领。这次就是他，率领上万大军，越过数道防线，打到了大明皇帝的眼皮子底下——通州！

而这时，已经近百年没有敌军逼近京畿了，京中所有兵马加起来才四五万人，战斗力还很差。于是朝中有人建议，将从各地赶来参加考试的武举人组织起来，保卫北京。

就这样，戚继光和大家一起穿上军装，扛起长枪，准备跟蒙古人决一死战。

就在这时，上面又传来一个命

令：谁也不准开战，违令者斩！

原来，嘉靖皇帝听从首辅严嵩的建议，派人去和俺答汗议和。

当然，这种大事，不是一时半会儿就能谈好的。双方继续僵持着，京师的守军继续加强守备，丝毫也不敢放松。

这天，兵部主事计士元在巡逻时，发现有个小兵坐在城墙根看书。

计士元很生气，上前一把夺过书本，呵斥道：“俺答汗的大军就在城外，都火烧眉毛了，你还有心思在这看闲书！”

小兵很委屈，噘着嘴说道：“这不是闲书嘛！”

计士元低头一看，书的封面上赫然印着四个大字——《备俺答策》，信手一翻，这一翻不要紧，他马上就被吸引住了。

看完之后，计士元问小兵：“这本书是谁写的？”

小兵说：“我也不认识，听说是一个叫

戚继光的举子写的。这本书对症下药，讲的正是如何对付俺答汗的大军，所以在军中传阅，很多人都在看呢！”

计士元听了，立刻提笔向朝廷举荐了戚继光，说他将会成为大明王朝有如长城般的依靠。

不久，戚继光就被提拔为总旗牌官，负责协助北京九个城门的防备工作。期间，戚继光条陈御虏方略十余篇，兵部对此非常重视，特奏请朝廷刊刻出版，发给全城将士，作为对付俺答汗部众的重要参考资料。

这时，全国各地救援北京的兵马也陆续赶到。俺答汗发现实在占不到便宜，就答应和明朝谈判，满载而归了（史称庚戌之变）。

之后，朝廷决定进一步加强北方边防。其实从嘉靖二十七年（1548 年）开始，戚继光就每年率领卫所士兵前往蓟州戍边了。这次庚戌之变，像一面镜子，既让戚继光清楚地看见了北方边防的漏洞，又为他日后镇守蓟州，攒下了更多的宝贵经验。

**越越**（简称越）大嘴记者

**戚继光**（简称光）特约嘉宾

嘉宾简介：字元敬，现任登州卫指挥佥事。他天资聪颖，胸怀大志，且骑射样样俱佳，被兵部记录为“将才”。在蓟州戍边的日子里，他一边抗敌，一边自学兵法，为日后的名将之路，奠定了坚实的基础。

越：戚佥事，你们现在是长驻蓟州了吗？

光：没有，没有。我们现在是和山西的兄弟轮流戍边，春天去，秋天回。

越：那您现在身上的担子可不轻呀，这蓟州是离京城最近的北方重镇，是不折不扣的京城门户呢！

光：别说了，一开始我也以为任重而道远，没想到这里高级军官一大把，我每天的工作就是吹吹号子、巡巡逻，根本没什么事。

越：嘻嘻，那不挺好，正好适合摸鱼！

光：大好光阴怎能用来摸鱼？幸好我带来了一本书！（拿出书）

越：哇，《孙子兵法》！这可是中国排名第一的兵书！

光：还好，我觉得书里真正有用的就一句：能够根据敌情的变化而取胜的，就叫作用兵如神。

越：不会吧，就这一句有用？其他的说得也很好啊，比如“敌人气焰嚣张，就不要去打”。

光：错，敌人越凶，就越要打！

越：再比如“假装战败的敌人，

不要去追”。

光：错！追是可以追的，但是要保持好队形，注意警戒！

越：……这个，我还是信孙子，毕竟您还没实践过，光有理论没用。

光：没关系。近来山东沿海一带不太安宁，估计供我和兄弟们实践的机会就要来了！

越：听您这么说，现在您和士兵们处得不错了？

光：那肯定了，连这种小事都处理不好，我还做什么“君子”呢？

越：噢，将军还有做君子的追求？那可不是件容易的事啊！

光：当然不容易了，否则，岂不是人人都能做君子、做圣贤了？

越：那什么人才能做得了“君子”呢？

光：做君子，首先要控制好自己的欲望，控制不了的，一味追求金钱物质的，只会成为小人。

越：那您已经称得上君子了。据我所知，您在登州卫那地方，不贪不占，和您那帮兄弟比，可算是一股清流啊！

光：这是我的职责所在，也是我应该做的。其实登州卫成那个德行，也不能全怪兄弟们！

越：那怪谁？

光：……这我可不能说。

越：您不说我也知道，肯定是怪朝中那个一天到晚追求长生不老的皇帝陛下啊！

光：（赶紧捂住越越的嘴）陛下你也敢说，活得不耐烦了？

越：快松开……好了，好了，我不说了，陛下一心想长命百岁，您想不想？

光：（正义凛然）什么长生之术，都是虚幻的。作为武将，能够以身殉国，就算是今晚战死沙场，也没有什么可遗憾的，这就是我的长生之术！

越：（肃然起敬）好样的，向您致敬！

# 广告小铺

## 晨训通知

为整顿军纪，自明日起，在北面练兵场开展晨间训练。希望大家不迟到，不早退，不无故缺席。若因身体原因不能正常参加训练者，必须提前向上级请示，否则一律按违纪处理！

登州卫指挥部

底下有一行手写小字：小毛孩自己玩泥巴去吧！

## 马上作

南北驱驰报主情，江花边月笑平生。
一年三百六十日，多是横戈马上行。

戚继光

## 我的座右铭（摘录）

写字潦草的人，是缺乏恒心的表现。
从容面对每一次应酬，是有涵养和有学问的表现。
不能保守秘密的人，不可能有大作为。
不要随便与陌生人深谈。
帮别人传话，该怎么传就怎么传，不要自作聪明地增加。
高兴的时候，不要随便做出承诺。

戚继光

# 第 3 期

公元1553年—公元1555年

# 倭寇来了

戚继光传

## 穿越必读 CHUANYUE BIDU

为加强海防力量，朝廷将在蓟州守边的戚继光调回山东，破格提升。展现在戚继光面前的是一望无际的大海，在这里，他将掀开他人生最壮丽的篇章，一代名将即将书写传奇……

# 戚继光破格升官啦

——来自山东的特别快报

（本报讯）嘉靖三十二年（1553年），东南沿海（浙江、福建一带）的倭患日益猖獗，已严重影响当地的生活。

戚继光因熟悉海防业务，备倭表现出色，获得他人推荐，被朝廷破格提拔为署（代理）都指挥佥事（相当于现在的省军区副司令员），掌管山东的抗倭事务。

虽然都是“指挥佥事”，但卫指挥佥事只是负责屯田、训练及防守等事务，而都指挥佥事隶属于省级海防最高军事领导机构“山东备倭都司”（全称山东总督都指挥使司），负责战场指挥、兵力调度及海防建设。

戚继光负责管理的是山东沿海的登州、即墨和文登三营，旗下设有二十五个卫所。根据大明编制，应该总共有六万多人。但由于屯田遭到破坏，军士不断逃亡，再去掉轮流调往京城的士兵，实际能上抗倭战场的士兵只有五千多人。对于几千里长的海岸线来讲，这么点人，无异于杯水车薪。

然而，戚继光却是踌躇满志。因为，他学习多年的军事理论即将派上用场啦！

# “倭寇”的秘密

“倭寇”，是14～16世纪劫掠中国沿海的日本海商与海盗集团。日本四面都是海，为什么他们不在自家门口当海盗，而要千里迢迢地跑到中国来呢？

唉，不是不想，而是条件不具备。

当大明王朝一统天下、百姓安居乐业的时候，日本却处在混战不休的战国时代。岛上三十多个诸侯成天不是你打我，就是我打你，大战小战不断，打得赢的就称王称霸，打不赢的就只好跑路。

可是，日本就一点点大，能逃哪里去呢？

为了生计，一些日本人就漂洋过海，来到中国，干起了抢劫的勾当！

他们神出鬼没，作战灵活，总是抢一票就跑，而且跑得飞快。更可怕的是，他们身上大都带着一把刀，或者一把火枪，不击则已，一击必使对方受重伤，战斗力十分强悍。只要一说起他们，沿海一带的百姓无不瑟瑟发抖。

不过，这些日本人远道而来，

不认得路，为何能在辽阔的中国沿海，把这个抢劫事业做得如此“风生水起”呢？小记者深入贼窝一打听，吓了一跳——

所谓的“倭寇”，居然有很多是明朝人，就连他们的两个幕后老板也都是明朝人！这两个老板一个叫汪直（也称王直），一个叫徐海。两人都有自己的船队和地盘，还有自己的军队！

尤其是汪直，靠着军火走私的生意，把从葡萄牙人手中低价买来的枪支高价卖出，赚了不少钱。因为财大气粗，他还在日本建立了根据地。汪直在日本平户岛上建立了一个名叫“宋”的独立“王国”。

相比之下，徐海的实力就差一点，但这人有着惊人的军事天赋，尤其擅长海上作战，凭借出色的战绩，成功与日本倭寇合伙，好几次打得明军差点全军覆没。

正是因为有两个这样的“明朝人”的加入，日本倭寇的气焰才越来越嚣张——什么大明王朝，他们才不放在眼里呢！

# 戚继光居然打舅舅

戚继光上任后，发现即墨、文登和登州一样，军纪涣散，很多人没把他这个年轻的指挥官放在眼里。

巧的是，戚继光有个远房舅舅也在军中，他仗着管事的是自己外甥，总是倚老卖老，有一次居然还带头违抗军令。戚继光立刻令人把舅舅捆起来，打了个屁股开花。

将士们看了议论纷纷，说他小题大做，不讲情面，等等。

说来也怪，舅舅被打之后，第二天像换了个人似的，再也不趾高气扬了，大家都觉得奇怪。

一打听，原来当天晚上，戚继光就提着礼物去向舅舅赔礼道歉了。当时舅舅在床上痛得嗷嗷叫，根本就不搭理他。

戚继光就跪下说：“舅父大人，在军中，您是我的下属，所以我必须要按军纪行事，否则，倭寇来了谁会听我的指挥？但在家中，您是长辈，我是晚辈，所以我必须向您赔礼道歉。”

舅舅见他说得诚恳，十分惭愧，说：“孩子，你说得对，这事是舅舅糊涂，俗话说‘慈不掌兵，掌兵必严’，以后舅舅再也不会带头挑事了。”

这件事在军中传开后，大家都对戚继光佩服得五体投地，一些原本不看好他的人也对他心悦诚服，军中面貌焕然一新。

在戚继光的努力下，山东的防务守得如钢铁长城般牢固。狡猾的倭寇见无缝可钻，就很少再来山东了。

好呀，你小子居然敢打舅舅！
唉，只有打舅舅别人才会服气啊！

# 张经之死

编辑老师：

您好。这两年，我在抗倭前线一直兢兢业业。去年，首辅严嵩的干儿子赵文华以祭海的名义来浙江督师，催我出兵。我因为在等援兵，就没有搭理他。谁知他竟上疏皇上说我“拥兵自重，故意拖延战机”，而皇上竟真的派人来抓我了。可眼下援兵已到，我打算先把倭寇揍一顿再去见皇上。说不定打了胜仗，皇上一高兴就免了我的罪，你说是吧？

东南七省总督（临时军职） 张经 

嘉靖三十四年（1555年）五月，张经率兵在王江泾（jīng）斩杀倭寇近两千人，取得明朝自抗倭以来的最大胜利。

总督大人：

您好！您以为取得了王江泾大捷，就能洗刷自己的冤屈吗？

听说赵文华早就递了密折，把所有战功都算在了他和胡宗宪等人的头上；严嵩也在旁边帮腔，说您“养寇不战，全靠文华主动进剿，才打了胜仗”。

皇上本就多疑，竟真的以为您是怕赵文华弹劾才出战，龙颜大怒！竟将为您辩护的官员拖去廷杖，还削了官——如今越发没人敢替您说话了！您这一去，估计也是清白难辨，凶多吉少。

不过大人放心，您一生为国抗倭，您的功劳早已铭刻在百姓心中！无论结果如何，人们会永远记得您的！

编辑 穿穿

不久，张经被抓入大牢，处以死刑。直到隆庆初年（1567年），朝廷才为这位抗倭名将平反。

# “不可战胜”的倭寇

你们知道吗？今年（1555年）有七十多名倭寇从浙江平湖登陆，居然一路如入无人之境，从杭州、常州、苏州，抢到南京城下，数万名官兵费了一个多月，才把他们歼灭！你们说，这些官兵平日飞扬跋扈，每月要吃掉八万人马的军粮，关键时刻怎么这么菜！

赵掌柜

钱参将

不是我们菜，是这帮倭寇太厉害了。我们派的人少了吧，打不过他们。但派的人太多了吧，就这么几个倭寇，派上几千个人去追，说出去都让人笑掉大牙！

这些人都是亡命之徒，要钱不要命的！我们来当兵，不过是为了混碗饭吃，等他们抢完了，我们再装个样子追一追，就算完成任务啦，没必要拼命！

某士兵

李将军

从来没听说倭寇是可以消灭的，要是能消灭早就消灭了，还用等到这个时候？咱们就别瞎子点灯——白费蜡了！依我看，这抗倭之路还是路漫漫其修远兮，长着呢！

越越（简称越）大嘴记者

## 胡宗宪（简称胡）特约嘉宾

嘉宾简介：新任浙直总督。他出身豪门望族，才华过人。嘉靖三十三年（1554年）出任浙江巡按御史，专事平倭大业。次年，他晋升为右佥都御史，巡抚浙江，为伟大的抗倭事业做出了重要贡献。

越：胡大人，您这官升得跟坐火箭似的，升得挺快的呀！

胡：搭上了赵文华这趟车，不快也不行啊！

越：您现在成天和赵文华混在一起，大家都说您是严党一员呢！

胡：那我得申明一下，我可不是什么严党！不过呢，我来浙江之前，曾经发过誓：不平倭寇，不定东南，誓不回京！而要实现这个愿望，只有严党才能帮到我。

越：所以，您就“助纣为虐”，帮着赵文华把张经整死？

胡：小记者，这话可不能乱说啊！即便是没有我胡宗宪，张经他得罪了赵文华和严嵩，也没有好结果的。

越：唉。

胡：放心吧，张经不会白死的，因为我一定会比他干得更好！

越：噢，这么自信？

胡：因为我有两个能人帮忙啊。

越：哪两个？

胡：一个武艺高强，是个军事天才。因为在王江泾大捷中帮助张经立了战功，严党认为他是张经的人，打了胜仗不仅没给他升官，还给他降职了。

越：您说的是俞大猷俞总兵吧？听说他被降职了还不安分，还自作主张出海去追击倭寇，烧了敌人八艘巨舰，杀了一千多个敌人！

胡：这就是我欣赏他的地方，有梦就去追，和我一样！所以我把他提拔为了浙江总兵官。

越：嗯，他的确是个好助手。那另一个是谁？

胡：另一个能诗会画还能写文章，是个全才，最关键的是，他精通兵法，比我聪明。你猜他是谁？

越：比您还聪明的人？我猜……莫非是“大明才子”徐渭（字文长）徐先生？据我所知，一般人可请不动他呢。

胡：嗯，我亲自上门好说歹说才把他请过来的。

越：可是，他就是个书生，而且一连几次科举都没考中，天天家里蹲，能有什么好法子对付倭寇啊？

胡：你可别小看他，要不是他给我支了一招，我到现在还是一团乱麻，不知从何抓起呢！

越：什么招？

胡：他让我别老想着和倭寇打群架，要先找到倭寇的首领徐海和汪直再说。

越：“擒贼先擒王”，的确是妙计。可是，这倭寇来无影去无踪，你去哪里找他们？

胡：这个有关军事机密，我就不能说了。

越：那我就不打听了。不过，胡大人，还有一个人，您是不是忘了？

胡：谁？

越：就是山东大汉戚继光呀。

胡：哈哈，他啊……你就等我的好消息吧！

越：好呢！胡大人再见！

# 广告小铺

## 给抗倭女英雄的嘉奖令

因曾孙年幼不能担任军职，田州（今广西田阳县）代理知州瓦氏夫人身为一介女子，年近花甲还亲自带领士兵前往江浙前线抗倭，为保国安民立下赫赫战功。现特封为二品夫人，以示嘉奖。

嘉靖皇帝

## 声讨逆贼汪直的檄文

奸民汪直勾结倭寇，在东南沿海一带作乱多年，实在可恶！现朝廷已调兵遣将，誓要将汪直这伙贼寇消灭干净！希望我大明官民团结起来，一致抗倭！凡是抓到或杀死汪直的，一律封官赏钱；凡是勾结倭寇的，一律诛灭三族绝不姑息！只要我大明军民一心，一定能荡平贼寇，还沿海百姓一片太平！

大明朝廷

## 国家有难，长老有责

长老们，考验你们的时候到了，听说你们一个个都是一顶一的高手，现在为抵御倭寇，保卫南京安全，朝廷决定在各个寺庙中选拔一批僧人成立巡防队，要求只有一个：武艺高强！欢迎各位长老踊跃报名！

南京巡防队

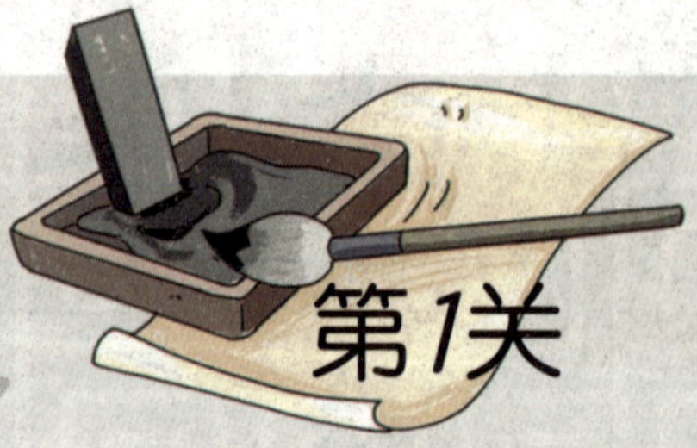

# 第1关

## 智者无敌 王者为大

1. 山东济宁州位于今天哪个地方？
2. 戚家的第一个登州卫指挥佥事是谁？
3. 明朝军队中专门使用火枪、火铳、火绳枪等武器的机动部队叫什么？
4. 大明能写文章、能打仗，还能搞军事发明、搞建筑防御工程的军事家是谁？
5. 明朝军队的基本驻兵单位是什么？由谁统领？
6. 戚继光世袭的是明威将军吗？
7. “封侯非我意”的下一句是什么？
8. 戚继光在济南通过乡试考中了什么？
9. 戚继光在京师参加会试时，发生了什么事件？
10. 戚继光因熟悉海防业务，备倭表现出色，被朝廷破格提拔为什么官职？
11. 戚继光负责管理山东沿海的哪三个营？
12. 与日本倭寇勾结，有自己的船队、地盘和军队的两个著名的“明朝人”是谁？
13. 为了整肃军纪，戚继光不讲情面，打了谁？
14. 被称为“抗倭第一人”的是谁？
15. 被明朝嘉靖皇帝封为二品夫人的抗倭女英雄是谁？

# 第4期

公元1555年—公元1557年

# 魔鬼训练

## 戚继光秀

**穿越必读** CHUANYUE BIDU

在胡宗宪的支持下，戚继光很快走上了抗倭最前线。就在胡宗宪一心一意对付徐海、汪直的时候，戚继光惊讶地发现，人多势众的明军面对强悍的倭寇，根本毫无斗志，于是决定重新训练一支军队，他会成功吗？

# 戚继光又升官了

## ——来自浙江的抗倭快讯

（本报讯）嘉靖三十四年（1555年）秋天，戚继光奉命来到了抗倭最前沿——浙江，第二年，被升为宁绍台（宁波府、绍兴府、台州府的合称）参将！

消息传来，将士们都惊掉了下巴——

要知道，宁波府、绍兴府和台州府是浙江比较富饶的三个地方，很多人走后门拉关系，都没办法得到这个肥缺。而这个戚继光，既不请客，又不送礼，还傻乎乎地给顶头上司胡宗宪写了很多建议，没得到一点回音。之前大家都还笑话他不自量力，怎么突然就逆风翻盘了呢？

记者跑去打探了一番，原来，胡宗宪非但没有把戚继光的那些信丢了，还仔细看了，并一字一句地做了批注。

最后，胡宗宪确定，戚继光写这些信并不是为了升官发财，而是真真正正地想为国分忧，是一个完全可以托付重任的人，于是特意推荐他担任这个职务。

而戚继光也没有任何犹豫，爽快地答应了。因为，这个机会他已经等得太久太久了！

# 莫名其妙的龙山之战

戚继光刚上任一个月，就接到一个情报——倭寇又来了！这一次，他们抢劫的目标是慈溪龙山，一共来了一千多人。

戚继光很兴奋，这可是他第一次指挥大规模的抗倭战争啊！参战的各路明军总共一万多人马，他心想，这以十敌一，闭着眼睛就能赢。

很快，两支军队在龙山相遇了。

戚继光十分激动，立即带头冲了上去，口里喊着：“兄弟们，跟我冲啊！”然而，就在这时，令他永生难忘的一幕发生了：

眼看就要开始肉搏，刚才还气势汹汹的官兵，居然掉头跑了！

倭寇上前砍一刀，官兵就退一步；砍两刀，官兵就退两步……前面的兵一逃，后面的兵也跟着逃，不到一盏茶工夫，竟全跑光了！

上万名明军见到一千多名倭寇，居然像老鼠见到猫！戚继光看了简直不敢相信自己的眼睛！

身边的士兵催他：“参将

快跑，晚了就来不及了！”

戚继光气得血直往头上涌，飞身一跃，跳到一个土坡上，弯弓搭箭，射向最前面的三个倭寇头目。

只听“嗖嗖嗖”三声，最前面的三个倭寇头目应声而倒，脑门上都插着一支箭。

咦，哪里来的神箭手？倭寇们吓得立马停止攻击，掉头逃跑，生怕跑慢了，脑门上也会突然中箭。

戚继光赶紧大喊：“倭寇要跑了，大家赶紧追啊！”

听到这话，那些逃跑的官兵才纷纷返回来，追赶倭寇。

然而，令戚继光绝望的是——官兵们追了一半，又回来了！

戚继光很生气，拦住一个士兵，问：“为什么不追了？”

没想到那士兵居然理直气壮地回答说：“一直都是如此啊。倭寇逃得那么快，我们哪里追得上啊？再说了，把他们赶走，我们以后凭什么打秋风、挣外快啊！”

原来如此！怪不得倭寇把江浙一带搞得鸡飞狗跳！戚继光瞬间就明白了。

就这样，戚继光的第一场大战，以啼笑皆非的方式莫名其妙地落幕了。据统计，本次龙山大战明军没有伤亡一人，而倭寇死了三个，全都是戚继光的功劳。

倭寇来了，
快逃啊！
戚将军怎
么不动？
估计是被
吓傻啦！

# 重新训练一支军队？

编辑老师：

你好。最近戚继光给我写了封信，说在前不久的雁门岭之战中，那帮兵油子又一次拿出了自己的逃跑绝技，把他变成了光杆司令。若不是他运气好，抢到一匹马，能不能活着回来，恐怕都是问题。

他还说，不是对手太强大，而是大明军队太不争气了！靠这样一帮人,我们很难打胜仗！

所以，他希望能够重新训练一支军队，一支有组织、有能力、有胆量的真正的军队。

唉，要是这些兵油子能练出来，我早练了，还用千里迢迢地去调广西的“狼兵”，还用等他来吗？

对于这帮兵油子，我早就放弃了。但我又不好打击他的积极性，该怎么回复他才好呢？

胡宗宪

胡大人：

在当前这种形势下，在很多人选择躺平、不愿拼命的情况下，戚继光还能主动站出来挑起这个大梁，实在让人佩服。

就像他说的，浙江这么多人，即便是十户人家，也一定有忠义诚信之人。偌大个浙江，怎么可能没一个有勇有才的人呢？

您就不妨让他试试吧！不试怎么知道可不可能呢？

编辑★穿穿

最后，胡宗宪被戚继光的诚意打动，同意给他三千士兵训练。

# 戚继光练兵

有了三千名新兵蛋子，戚继光开始了轰轰烈烈的大练兵。练兵第一天，戚继光就慷慨激昂地给他们做起了思想工作：

“诸位听好了，你们当兵练武，不是为官家，也不是为上级，而是为了防身立功，杀贼救命！你武艺比贼高，贼就杀不了你；武艺比贼差，你就会被贼杀！不学武艺，就是不要性命！”

当然，戚继光不是只会打鸡血，喊口号，每天早晨他都会第一个起床，敲锣打鼓地叫大家赶紧起床，开始他那魔鬼式的训练——

跑步时，士兵们得穿上铠甲，带着装备跑，一跑就跑一里地，还不能大喘气。投标枪时，标枪必须连续三次穿过三十步外的铜钱眼儿，才算达标。

练得最多的是站队列。一开始，这些新兵都没把这个当回事。但很快他们发现，一旦有人站错一步，或转错了方向，就会被拉出去，轻则罚站，重则打板子。打完板子，还得忍着疼痛继续站，继续训练，要是站不起来，就继续打！

这样下来，但凡聪明一点的，就都学乖了。

当然，也有人向戚继光提出抗议。戚继光二话不说，贴出一个通告——谁不服气可

以来找我，只要打赢我，就什么都不用做了！

有几个不知天高地厚的，还真跑去找戚继光单挑，结果一一落败，只好又乖乖地站回了队列中。

站完队列后，戚教官开始训练大家学习号令。比如，擂鼓是前进，鸣金是收兵，竖旗是等待命令，摇旗是全军向前进攻，挥旗是改变方向或改变行动，等等。

记不住怎么办？不要急，戚将军把它们刻印成书，分发到每个士兵手上，识字的自己看，不识字的听别人讲。

除此之外，还有什么吃饭只能吃七分饱啦，休息时不能睡太晚啊，兵器必须随时携带在身边啊，等等。凡是违背命令的人，戚继光都是一个动作——打板子！打到你记住为止！

之后是学习武艺。请来的教官都是从各地选出来的武林高手，全部都是练实战的。每练完一段时间，戚继光就会对大家进行一次考核。考核的方式简单粗暴，是一对一单挑，打赢了，就升一级赏银一分，打输了就降一级打五棍。

意思是，你不打我，我就打你，因为我不打你，就要被戚将军打，左右都是打，还不如拼命打你，打赢了还能挣点碎银子花花。

就这样，新兵们每天拖着伤痕累累的身体，在戚继光魔鬼般的训练下，练就了一身非凡的武艺（这就是最初的“戚家军”）。

# “狗汉奸”徐海投降了

好消息——“狗汉奸”徐海投降了！奇怪，之前胡大人写了多少劝降信都没用，怎么这次就轻而易举地投降了呢？

李小二

听说胡大人先是找了个间谍打入徐海内部，在里面挑拨离间，然后给徐海的爱姬送了很多礼物，许诺说给徐海封官做。女人嘛，有几个愿意过这种刀口上舔血的日子，她就天天给徐海吹枕边风，劝他放弃抵抗，接受招安，唉！

王麻子

最绝的是，胡大人把汪直的母亲和妻子放了，悉心照顾，还和汪直书信来书信去，一副很友好的样子，搞得徐海以为汪直被朝廷招安了，心里一急，就真的投降了！为了表示诚意，这家伙还诱捕了两个兄弟给胡大人当见面礼呢！

小兵乙

哈哈，他以为降了胡大人，以后就有享不完的荣华富贵，殊不知他在东南沿海作恶多端，手上沾满了我们无辜老百姓的鲜血，大家都恨不得除他而后快！

小兵丙

嘉靖三十五年（1556年），徐海中了胡宗宪的离间计，与曾经的手下发生激战，投水而亡，之后全军覆没。

**越越**（简称越）大嘴记者

**汪直**（简称汪）特约嘉宾

嘉宾简介：自称徽王，人称“五峰船主”，明朝中后期著名的海商，集商人、盟主与海寇等多重身份于一身。他虽然雄霸东南诸海，却多次配合官府，平定倭寇，维持沿海秩序，平生最大的愿望是打开大明的通商之门，使海上贸易从走私走向合法化。

越：哎呀，老船主，你来岑港了？太遗憾了，我还想去日本看你呢！听说日本人将你的客人奉为上宾，尊敬得不得了啊！

汪：哈，我汪直的客人，他们岂敢怠慢！

越：你跟日本人关系这么好，不怕汉人骂你是汉奸吗？

汪：汉奸？什么是汉奸？给日本人干活的人才是汉奸！我可没给日本人干活，是日本人给我干活，明白？

越：这么说，你跟徐海完全不一样？

汪：我是个生意人，徐海是个海盗，能一样吗？

越：可在朝廷眼里，你俩都一样。据说胡大人除掉徐海后，接下来该对付你了！

汪：对付我？哈哈，不是我狂，他暂时还没这个能耐。我汪直可以号令的人马虽然只有五六万，但我们一个就可以干倒他们十个！

越：唉，其实胡大人也明白，所以他也不想和你打仗，他想和你通商互市，互利互惠。

汪：所以我这次才主动带人来岑港找他谈判。没想到，他不仅不欢迎我，还调集大军把我挡在门外！气煞我也！

越：误会，误会！谁叫你带这么多人，还带着火枪火炮呢？胡大人是被你吓晕头了！

汪：误会也罢，故意也罢，总之我是不想上岸了！

越：那你是打算回去了？

汪：我大老远地跑过来，就这么两手空空地回去，传出去岂不是很没面子？

越：那你们这么僵着也不是办法啊，总得找个人说和说和。

汪：我也是这么想的，所以胡宗宪派人请我的养子毛海峰过去，我就同意了。

越：去了有什么收获吗？

汪：你别说，还真有收获。海峰在胡宗宪的房里，发现一封胡宗宪写给朝廷的文书，上面说了我不少好话，还强调要以和为贵，不能动武。这样我就放心了。

越：他怎么能进胡宗宪的房间？该不会是胡宗宪骗你的吧？

汪：骗我我也不怕！既然他给我一个理由上岸，那我就顺水推舟好了。

越：你就不怕羊入虎口，成为第二个徐海吗？或者被他们软禁起来，让你帮忙搞定倭寇？

汪：不怕，徐海是为自己谋福利，而我是为了开放海禁，为了百姓。我当年也是被迫下海，知道禁海对百姓意味着什么。如果大明真的相信我，我不仅可以帮忙搞定倭寇，还可以帮忙拿下日本！

越：哇哦，那可太好了。大明禁海确实太久了，都跟世界脱节了！若真能开放海禁，让中国人和世界各地好好做生意，东南的倭乱也就能迎刃而解了。

汪：连你都看得出来，朝廷那么多聪明人，应该可以做出正确的判断吧！

越：但愿如此。那就让我们拭目以待吧！

# 广告小铺

## 海盗招募令

你正在为养家糊口发愁吗？

你想去看看外面的世界吗？

我们是东南沿海最优秀、最大的海商团队（没有之一），精通火枪制造技术，产品众多，与葡萄牙、西班牙等国都保持着良好的合作关系，在国际上有一定的声望。

如果你的梦想在大明无法实现，那么请加入我们，我们愿与你共同致富！快加入我们吧，兄弟！

汪直国际贸易集团

## 大量收购

应东南亚各国的要求，我们现在需要在中国收购大量的药材、茶叶以及瓷器、丝绸之类的商品，要求高质量，高档次，量大从优，价格面议！

汪直国际贸易集团

## 减免东南赋税钱粮

据浙直总督胡宗宪汇报，因朝廷赋税过多，又为海禁所困，沿海部分百姓无路可走，被迫加入倭寇行列，问题十分严重。现决定减免东南一带自然灾害区的赋税，并免除倭患重灾区的钱粮，以减轻百姓负担。

大明朝廷

# 第5期

公元1557年—公元1559年

# 岑港之战

戚繼光傳

## 穿越必读 CHUANYUE BIDU

岑港之战是抗倭名将俞大猷、戚继光的首次联合作战，此战明军以万敌千，最终以明军伤亡三千余人，敌军伤亡不到千人，且有部分倭寇突围逃窜而落下帷幕。这是明朝历史上代价最大的一次抗倭胜利。

# 汪直被抓了

## ——来自杭州的加急快报

（本报讯）嘉靖三十六年（1557年），东南沿海传出一个爆炸性的消息——海盗头子汪直在杭州被抓了！

咦，汪直不是在浙江舟山吗？怎么跑杭州去了？

原来，汪直上岸和胡宗宪见面后，老乡见老乡，两眼泪汪汪，很快化敌为友，达成共识——只要大明同意开放海禁，汪直就弃暗投明，为大明效力。

两人相谈甚欢，胡宗宪见汪直难得上岸一趟，建议他去杭州转转，游览一下大明的大好河山。

谁知，浙江巡按王本固见了汪直这个祸乱东南沿海的倭寇头头，当即想到：哇，立功的机会来了！他立马把汪直捆成粽子，送给了皇帝，还向皇帝告状，说胡宗宪养寇为患，拥兵自重，有谋反嫌疑。其他文武官员也纷纷落井下石，指责胡宗宪的不是。

胡宗宪反复解释都没用，最后，为了证明自己和汪直不是穿一条裤子的，只好同意处死汪直，唉！

嘉靖三十八年（1559年）十二月二十五日，汪直被处死。

# 岑港拉锯战

汪直被抓了！胡宗宪言而无信！

一直在岑港等消息的毛海峰彻底暴怒，他用极残忍的手段杀害了胡宗宪派去的使者，扬言要为养父报仇。

既然和谈无望，那就只能开打了。

嘉靖三十六年（1557年）冬，胡宗宪令手下的头号猛将——浙直总兵俞大猷挂帅，调集一万精锐大军，将毛海峰率领的一千多倭寇团团围住。岑港之战正式爆发。

原本大家以为，上万人打一千多倭寇，不出半月就能剿灭。出乎意料的是，这场仗从冬天一直打到第二年春天，又从春天拖到夏天，眼看秋天就要来了，岑港还是牢牢地攥在倭寇手里。

这并不是明军不给力，实在是岑港的地势太险了——三面环山，一面临海，倭寇占据了山顶，居高临下，只留一条小路出入，明军仰攻困难，一击即退。更糟的是，汪直被捕后，倭寇彻底断了投降的念想，个个拼死抵抗，附近倭寇也陆续赶来支援，

竟让倭寇越打越多。

有人把这消息捅了上去，嘉靖龙颜大怒——上万人打上千人，居然打不过？当即下旨：“如果一个月还拿不下岑港，所有军官都撤职查办！”

俞总兵顿感压力山大，又硬着头皮接连攻了二十多天，可战局还是外甥打灯笼——照舅（旧）。眼看圣旨期限只剩不到十天，俞大猷束手无策，只好拿着圣旨冲手下那帮军官怒吼：“要是我被治罪了，你们也别想好过！”

军官们顿时慌作一团，有的甚至急得哭出声来。就在这时，一位小将站了出来:“末将愿为先锋，十日之内必破岑港！”

众人惊得面面相觑：这人真是癞蛤蟆打哈欠——好大的口气！总兵都拿不下的地方，你能行？

俞大猷看着他，也是一万个不放心：“你，真有把握？”

小将斩钉截铁地回答：“若不能取胜，末将愿受军法处置！”

俞大猷叹了口气——事到如今，也只能死马当作活马医，凑合着上了，万一，真有奇迹出现呢？

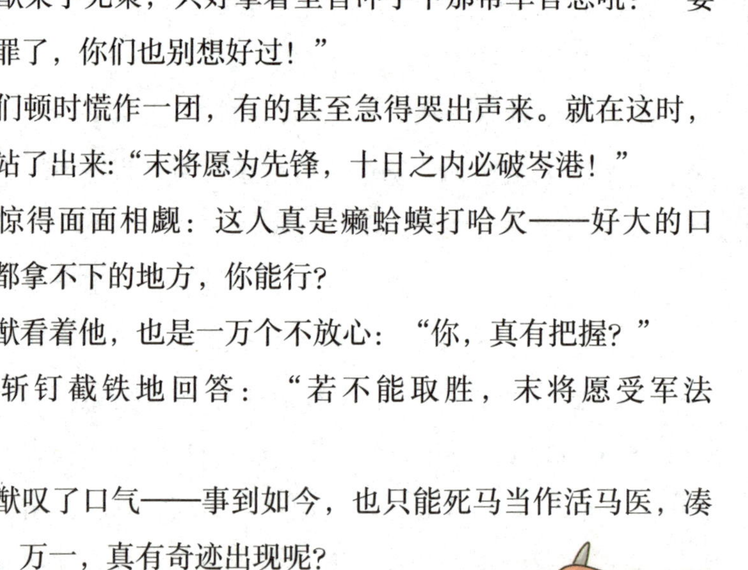

# 戚俞联手破倭营

这位主动请缨的小将是谁呢？没错，他就是刚刚练出三千新兵的戚继光！

可奇怪的是，戚继光领命之后，既没有马上展开猛攻，也没有大规模调兵遣将，只是每天派几个小兵去侦察倭寇动向，其余时间要么亲自勘察地形、摸清山川地势，要么在营中潜心琢磨作战方案，连着好几天都按兵不动。俞大猷几次催促他进军，他都坚持要等准备周全再动手。

由于战事久拖不决，就连嘉靖帝都按捺不住怒火。还没到一个月，嘉靖帝便下旨追责，将主帅俞大猷革职入狱，戚继光也受到降职处分，责令二人戴罪立功。一时间，全军上下压力倍增，人人都憋着一股劲想尽快破局。就在这时，前线突然传来捷报——被倭寇死守了半年多的岑港，终于被明军攻克！

原来，戚继光之前的按兵不动，都是为联合作战的突袭做足铺垫。他亲自深入险境勘察地形，精准找到了一条倭寇防守薄弱的隐蔽山路；与此同时，俞大猷在正面战场率军佯攻，牢牢牵制住倭寇主力，为侧翼突袭创造了绝佳条件。随后，戚继光悄悄率领精锐士兵从这条小路突袭，打了倭寇一个措手不及。这一战，倭寇主力被彻底打垮，除了少数人乘船从海上仓皇逃窜，其余残寇尽数被歼灭。

这场攻坚战耗时半年有余，明军伤亡数千，最终歼灭倭寇数百，总算啃下了岑港这块硬骨头。嘉靖帝得知捷报后龙颜大悦，当即撤销对俞大猷、戚继光的处分，恢复了二人的官职。

侥幸脱险的俞大猷，对戚继光的军事谋略与沉稳心性叹服不已。此后，两位抗倭英雄惺惺相惜、默契配合，成为了东南沿海抗倭战场上并肩作战的黄金搭档。

岑港大捷
岑港大捷
明军把倭寇打跑了，明军胜！
明军伤亡三千，大倭伤亡数百，大倭胜！
明军胜！
大倭胜！

# 是谁在陷害俞大猷？

编辑老师：

你好。最近我听到一个令人震惊的消息——俞总兵竟被削去官职，抓入大牢，剥夺了世袭特权！

原因竟是岑港之战后，一些战败的倭寇流窜到福建，引发当地官民震怒。南京御史李瑚闻讯，当即向朝廷上书弹劾，称是胡总督纵敌逃窜，要追究他的责任。

要说这事，胡总督确实做得不妥，可这与俞总兵有什么关系？我们好不容易打赢岑港之战，为什么要治他的罪呢？

俞总兵为人忠厚老实，到底是谁在陷害他？他还有机会重回抗倭前线吗？

戚继光

戚将军：

你一定想知道，俞大猷俞总兵为何会卷入这场风波吧？其实，这事跟你们的顶头上司——胡宗宪有关。

胡宗宪早年以赵文华为桥梁，获得首辅严嵩的信任，将东南抗倭大业搞得风生水起，引来不少人眼红，朝堂上弹劾他的奏疏从没断过。如果胡宗宪下台，东南抗倭大业恐怕就会陷入混乱，你和俞大猷这些前线将领也会受到影响，所以胡宗宪一直在想方设法讨好皇帝，这才勉强保住官职。

可没等风波平息，福建方面因倭患加剧，咬定是浙江这边的防务出了疏漏。胡宗宪心急如焚，他本就深谙官场权谋，此刻面对弹劾无力辩驳，又不愿独自担责。因弹劾者李瑚与俞总兵同为福建人，他便无端猜忌俞总兵通风报信，索性将倭寇流窜的罪责全推到俞总兵身上，以此向朝廷脱罪、保全自己。

不过你也不必忧心，俞总兵镇守海防多年，战功赫赫，且为官端正，治军严谨，朝中有不少人愿意为他陈情。相信朝廷查清原委后，定会还他一个公道，让他重回抗倭前线。

编辑★穿穿

# 戚家军四战四捷

这次岑港之战多亏了戚将军啊！要不是他，大家都该跟着俞总兵倒霉了！听说他中途还带着他的三千新兵，去台州试了下水，结果把倭寇打得落花流水呢！

小兵王大柱

说起台州那次大战，我是热血沸腾啊！当时是我们头一次打倭寇，心里都没有胜算，毕竟我们是帮新兵，而倭寇个个都是武功高强的日本武士，一旦对战，凶多吉少。没想到，第一次参加大战就告捷了，哈哈！

戚继光的小兵甲

你还别说，戚继光的这支新兵还真不赖，岑港之战取得胜利后，又在温岭等地四战四胜，战绩非凡！看来，戚继光果然练出了一支强大的军队！

布店钱掌柜

可拉倒吧！要是真强大，为什么岑港之战伤亡这么惨重？汪直被捕的那天，戚继光就说了，以后这群倭寇没有汪直的控制，只会越来越多。要平定倭寇，靠眼下这帮兵蛋子，根本就不可能！

舟山客栈赵小二

啧啧，现在当兵的都这样，嫌我们不行，有本事他去找更厉害的士兵来啊！

戚继光的小兵乙

**越越**（简称越）大嘴记者

**谭纶**（简称谭）特约嘉宾

嘉宾简介：现任台州知府，他原本是个文官，却喜欢军事，每次打仗都要亲自上阵，被他亲手杀死的敌人数不胜数。作为戚继光的顶头上司兼至交好友，他对戚继光的军事行动更是十二分支持，可说是戚继光的贵人。

越：谭知府，听说您和戚继光一起打了很多胜仗？

谭：还好还好，为百姓解忧，是我们应该做的。

越：据我了解，您是嘉靖二十三年（1544年）的进士，这文官的地位不是挺高的吗？您怎么投笔从戎了呢？

谭：现在国家需要的是能杀敌的人，而不是只会耍笔杆子的人。

越：佩服佩服！那您手下的“谭家军”现在有多少兵？

谭：不多不多，也就一千。

越：训练结果如何？

谭：马马虎虎吧，取得了三次小胜。

越：那还挺不错呀，跟戚将军、俞将军的兵有得一拼。

谭：唉，我们练的兵应付一小撮倭寇还行，人多了就不行了，像这次岑港之战，就赢得很惨。

越：那问题出在哪里呢？

谭：元敬（戚继光的字）和我探讨过这个问题，发现问题出在兵源上。

越：兵源有什么问题？

谭：就拿他的三千新军来说，他的新军大部分都是处州（今浙江丽水）兵和绍兴兵，这两地士兵各有不同。

越：什么不同？

谭：比如处州兵，他们作战相当勇猛，也很听将帅的号令。让他往前，他绝不向后；让他向后，他绝不向前。

越：这样的军队，能有什么问题？

谭：唉，他们最大的问题是，每次打仗之前，都要和上级谈条件。

越：啊，还有这事？谈什么条件？

谭：比如，他们在作战之前，必须了解敌方是什么情况，比如人数啊，船只数量啊，火炮威力啊，等等，然后自行内部商议，觉得能打就打，觉得不能打就不打。

越：这也太不听话了吧！那绍兴兵呢？

谭：相比之下，绍兴兵就听话得多，无论打什么仗，他们都会去打，而且不怕苦不怕累，从不抱怨，一旦敌人撤退，他们也会主动追击。

越：那绍兴兵会谈条件不？

谭：从不，你说出发就出发，你说停止就停止。

越：那他们应该没什么问题吧？

谭：怎么没有！他们的问题是，敌人跑他就追，敌人追他就跑，只要与敌人隔了三十步远，他们就溜得比兔子还快。

越：这……这不是更靠不住吗？

谭：唉，没办法。

越：同样是浙江人，他们差别怎么那么大呢？

谭：可能是“一方水土养一方人”吧。处州地处偏远，民风彪悍，所以处州兵作战勇猛，不怕死；而绍兴山清水秀，物阜民丰，所以绍兴兵爱惜生命，不肯冒险。

越：看来真的是“穷山恶水出刁民”。要不，你们去比较穷的地方看看？

谭：等元敬从义乌回来，我跟他商量商量。

越：嗯，这办法总比困难多，相信你们马上会想出办法来的！

谭：但愿如此！

# 广告小铺

## 处罚令

经查明，赵文华侵吞军饷，数额竟高达十多万两白银，罪大恶极，就算把他整个家当全部赔上都不够。为警示他人，现决定由他的子孙后代代为赔偿，一直到赔完为止。

嘉靖皇帝

这笔钱一直赔到万历十一年，还只赔了近一半。

## 派遣令

近期，倭寇又纠集数千人在温州、台州等地为非作歹，尤其是台州沿海，到处是倭寇的巢穴。因戚继光去年在温州的抗倭行动成绩不错，现决定派他率领各处调集的军队，前往台州支援，不得有误。

胡宗宪

## 胡宗宪献鹿，继续抗倭大业

最近，浙直总督胡宗宪先后给皇帝进献了两头罕见的白鹿，皆为世间稀有的祥瑞之物。为表恭敬，他还专门让徐渭代笔，先后写了《初进白牝鹿表》与《再进白鹿表》两篇文书呈给朝廷。

贺表中讲，白鹿代表长寿健康，国运昌隆。其接连出现，是圣上多年修道、感动上天所降的吉兆。两篇贺表写得也很好，不仅立意庄重，文字还特别优美、有文采。圣上阅后龙心大悦，对文章赞不绝口。由此可见，胡总督心怀社稷，行事妥帖，是个能挑大梁的人才，与赵文华之流并不是一路的。念其抗倭有功、治事得力，特准予他继续负责东南的抗倭大任，以安定海疆。钦此。

大明朝廷

# 第6期

公元1558年—公元1560年

# 义乌奇兵

戚继光秀

## 穿越必读 CHUANYUE BIDU

一次偶遇，让戚继光在义乌发现一群当兵的好苗子。于是，他发挥无人可及的专长——训练，招募新兵进行训练，最终凭借创新的练兵方法，将普通士兵锻造成大明的最强战队——“戚家军”！

# 闹大了！义乌发生大型群殴事件

## ——来自浙江义乌的特别消息

（本报讯）嘉靖三十七年（1558年）六月，浙江义乌发生了一起大型群殴事件。事情的经过是这样的——

原本，义乌是个很穷的地方，后来不知道走了什么好运，在八宝山（也叫八保山）一带发现了银矿。附近的永康人看着眼红，集结了九十多个人来抢着开矿，义乌人当然不同意，双方就打了起来。

这可不是一次普通的打架。据统计，永康人后来拉上了处州的矿工，一共凑了三千多人；义乌这边也不含糊，附近的百姓都来帮忙，也凑了三千多人。大伙儿打得特别凶。据统计，双方前前后后死伤加起来有两千多人。尤其是义乌人，男女老少齐上阵，男人扛锄头，拿铁锹，女人拿菜刀，就连孩子也搬起了砖头。他们一个个杀气腾腾，不要命似的向对方冲过去。哥哥伤了弟弟上，父亲残了儿子上，有的人就算打得快咽气了，还要激动地丢下一句：“我死后，你们接着打！”

就这样，这场群殴破天荒地持续了四个多月，要不是义乌知县赵大河带着全县的壮士，和带头护矿的陈大成他们一起强力弹压，抓了三百多人，再加上十月该回家收庄稼了，估计他们还会继续打下去呢！

# 衙门的人为何来得这么慢？

出了这么大的乱子，你们赵大人怎么没有一开始就制止呢？他要是再晚俩月，估计地里的庄稼都要荒了！

戚继光的小兵甲

不是官府不管，是衙门就那么几十个衙役，冲突双方加起来六千多人，手里又都操着真家伙，真冲上去就是送命啊！之前我们也愁，再打下去整个义乌都要乱套了！

衙役李二

可不是！后来还是赵大人跟陈大成合计，找了全县的壮士，我们才敢动手的。弹压那几天，我们跟着赵大人守了三个晚上，一边抓那些带头打人的、抢矿的，一边劝大伙儿回家收庄稼，总算把事件平息了！现在矿上也能正常挖矿，街上的铺子也开了，我们也该好好回去睡一觉咯！

衙役六麻子

要说还是得谢谢赵大人和你们衙役，谢谢你们帮我们守住了饭碗！要不是你们，俺们这庄稼和矿，早都被外人抢光咯！这份情我们记着，以后一定还！

矿主赵六

# 我想去义乌招兵

编辑老师：

您好。我找到我想要的兵苗子了！

前段时间，我因公前往义乌一带，恰好目睹了那场惨烈的群殴事件。我出身将门，自小在军营中长大，见过来去如风的蒙古铁骑，也领教过残暴凶猛的倭寇，可即便如此，义乌百姓的悍勇还是让我深感震憾！如果我们大明的士兵个个都这样彪悍善战、英勇无畏，何愁荡不平倭寇？

之前胡大人说浙江兵练不出来，那是因为他没到义乌。只要能让我在义乌招兵练兵，我相信，平息东南倭乱之日很快就会到来！

你说，这次胡大人会同意吗？

戚继光

戚将军：

您好。要对付那些不要命的倭寇，就得用一些不要命的兵。如果说哪里的浙江人能狠得过倭寇，那非义乌人莫属！

义乌山多地少，民风彪悍，义乌人以及附近永康、金华一带的农民和矿工，都是出了名的敢打敢拼、不怕死。如果能把这些“硬茬子”招来，配上您魔鬼般的训练，假以时日，一定能打造出一支无敌的抗倭劲旅！

至于胡大人，如此大规模的群殴，他肯定早有耳闻，他派您前往义乌一带，用意不言而喻。也许现在，他正等着您呢！

编辑★穿穿

嘉靖三十八年(1559年)，戚继光获准前往义乌招兵。

# 戚继光选兵

“戚继光来义乌招兵抗倭啦！”

“据说这次招兵的军饷是其他军队的好几倍呢！”

听说有超级丰厚的军饷可拿，义乌人都兴冲冲地跑去报名。结果绝大部分人是乘兴而去扫兴而归。

原来，以前征兵，只要身体好就行了，但这回征兵标准却非常严苛。怎么个严苛法呢?

城里的，不要！军户出身的，不要！当过公务员的，不要！年过四十的，不要！

更过分的是：能说会道的，不要！胆子小的，不要！性格偏激的，不要！就连长得白点的，也不要！

唉，这也不要，那也不要，这样下去能招到人吗?

不过，义乌的确是一个出人才的地方，一番淘汰下来，还是有四千人符合戚继光的条件，光荣入伍。

据大家观察，最后被选上的这些人，全都是长得黑大壮实、见了官府就打哆嗦的农民和矿工。换句话说，是一群老实、听话、好指挥，能打、能扛，还不怕死的人。

就这样，戚继光前前后后在义乌征召了两万多人。不久，他们就有了一个响当当的名字——“戚家军”。

太白，
不要！
贾宝玉
太胖，
不要！
猪八戒
当过官，
不要！
武松
岂有此理！

# 戚将军创建“鸳鸯阵”

这帮兵是戚继光优中选优挑出来的，身体素质更好，作战能力更强，在戚将军的魔鬼训练下，很快就变得有模有样了。

不过，戚继光仍旧忧心忡忡。

这也难怪，据说，一名日本人要成为武士，至少得苦练五年的武术。让一帮新兵蛋子，操着棍棒去对付这样一帮“武林高手”，无异于稻草人救火——自取灭亡。

可是，练武不是炒小菜，一下就能成功，新兵不可能一下子练成武林高手，怎么办呢?

就在戚继光一筹莫展的时候，兵部派来一个人——唐顺之，他不仅文学、数学、天文、地理等样样精通，还很有武学天赋。他年近四十才开始学习枪法，却自成一家，人称“荆川枪”；他人虽远在江南，却对边疆、沿海形势了如指掌。

在很多人眼里，唐顺之只是一个五品小官，但身为二品大官的胡宗宪对他却是毕恭毕敬，甚至还同意让他上前线亲自指挥作战。

唐顺之也不客气，一上任，就一改明军不敢下海与倭寇对战的惯例，主动率军向倭寇的老窝进攻，一下击沉倭寇三十多艘船，取得了大明对倭寇的第一次海上大捷！

之后，唐顺之一发不可收拾，频频向倭寇发动进攻，打得倭寇闻风丧胆，听见他的名字就跑。

身边来了这么一位高人，戚继光当然不会放过，总是以学习枪法为名，向他讨教。

唐顺之于是送给他一本书，说战胜倭寇的秘诀就在这本书里。

这本书是唐顺之自己写的，名叫《武编》，书中系统辑录了历代兵学理论、用兵原则、实战案例，以及军事技术、武器装备、选兵练将等方面的学问，内容丰富，实用性强。

戚继光一头栽进书中，连夜苦读，当看到其中一个战法——“鸳鸯阵”时，眼前顿时一亮：“这不就是我想要的吗？”

在充分研究了唐顺之的“鸳鸯阵”后，戚继光再次开动脑筋，对其进行了改进，最终形成自己独特的战术——戚氏鸳鸯阵。有了这个战术，戚家军如虎添翼，实力突飞猛进。

就在戚继光信心满满准备大战倭寇时，一个不幸的消息从海上传来，唐顺之因为积劳成疾，因病去世，享年五十三岁。

据说他临死前，挂念的还是抗倭大业。那么，他的“徒弟”戚继光能接过他抗倭的大旗，继续他未完成的事业吗？

**越越**（简称越）大嘴记者

**戚继光**（简称戚）特约嘉宾

嘉宾简介：现任台金严参将，驻扎在台州。中国历史上的将才灿若群星，但能以自己的姓氏给军队命名，且名闻天下的，除了创建“岳家军”的岳飞，就是创建“戚家军”的戚继光了。那么，是什么让他能带出这么一支战斗力惊人的军队呢？

越：戚将军，您这支“戚家军”什么时候可以出战呢？是骡子是马，拉出来遛遛啊！

戚：不瞒你说，我比你还急呢！但我可以肯定的是，我这支“戚家军”，绝对不是骡子。

越：哈哈，这个我相信。这可是您千挑万选选出来的。说起这个，我有一事不明，您是怎么搞定义乌人的？听说他们之前压根不愿意呢！

戚：哈哈，所谓“射人先射马，擒贼先擒王”，要想搞定义乌人，当然得先搞定义乌人的头儿。

越：您是说义乌的县令赵大河吗？他连打架都劝不了，还能劝百姓当兵？

戚：赵大河那是官方指定的老大，他相当支持我的工作。但义乌真正的老大不是他，而是陈大成，上次打群架就是他挑的头。

越：哇哟，那可不是一般人。那您是靠什么搞定他的？

戚：哈哈，靠什么？当然是靠本事啦（举起自己的拳头）。这种人你得让他真正服气，他要真正服气了，一个顶一百个不说，还能带动成百上千的百姓。

越：要是连他都入伍了，那肯定是一呼百应啊！

戚：他现在在军队里当了个小头目，表现相当不错。

越：（竖起大拇指）那是将军厉害啊！对了，为什么您这次招兵，心眼多的不要，只要老实巴交的呢？

戚：打仗和别的行当不一样，个人越是心眼多，军队越容易吃亏。你看，绍兴人心眼多，能打仗吗？处州兵心眼多，能成事吗？

越：哦，原来是这样。但老实人一般有个通病，就是胆小。当兵的胆小，不是什么好事吧？

戚：胆子小是因为自己没本事，敌人太强大。自从学会了我那独门武器之后，他们胆子大多了。

越：什么独门武器？

戚：（调皮地眨眨左眼）现在保密！哈哈！

越：哼，不说就不说。不过，我觉得他们胆子变大，还有一个原因，就是他们现在愿意为您拼命。

戚：哪里，哪里，这都是兄弟们看得起我。

越：因为您也看得起他们，愿意和他们同甘共苦啊。我听说有一次，你们行军时下大雨，衣服都湿透了。有个老人劝您到屋里避雨，您说了一句什么来着？

戚：（摸摸头）我说："我的士兵们都在外面淋雨，我怎么能忍心一个人去避雨呢？"

越：所以嘛，这样的将军我也愿意为他拼命！

戚：真的吗？拼命倒不用，我的军队中正好缺少一名先锋，要不你来试试？

越：呃，那不行，我还得回去赶稿子呢！拜拜。

戚：哎，别走这么快啊！（越越已经一溜烟跑远了。）

# 广告小铺

## 严禁逃跑

新兵们听着，军中严禁逃跑。若有一人逃跑，全队集体受罚。希望大家好好在军队待着，不要给队友们制造不必要的祸端。

戚家军

## 棍术培训班开课通知

著名武术家俞大猷将自己的棍法写成了一本书，取名叫《剑经》。戚将军学会后，决定开设一个棍术培训班，优先教给军队里表现优秀的士兵，请各队积极推荐。

戚家军

## 山中练兵通告

倭寇善于埋伏，一处房子、一座山、一片稻田，都有可能成为他们的埋伏场地。为了对付倭寇，我们戚家军必须以其人之道还治其人之身，所以本月五日，我军将去山中练习如何埋伏，请大家提前做好相关准备。

戚家军

## 禁止抬轿子

兄弟们，你们来当兵，是朝廷希望你们保卫边疆，为国效力。除了训练、打仗之外，你们就好好休息，不要再给我抬轿子了。

戚继光

# 智者无敌 王者为大 第2关

1. 胡宗宪利用了什么计策诱使徐海投降了?
2. 嘉靖三十四年，戚继光调到浙江担任什么职务?
3. 戚继光的第一场抗倭大战是哪次?
4. 戚继光训练新兵时，训练大家学习的号令中，擂鼓和鸣金分别是什么意思?
5. 戚继光训练新兵学习的号令中，摇旗和挥旗分别是什么意思?
6. 俞大猷、戚继光的首次联合作战是哪一次大战?
7. 汪直是在哪里被抓的?
8. 岑港之战的统帅是谁?
9. 《再进白鹿表》的作者是谁?是写给谁的?
10. 处州是指今天哪个地方?
11. 戚继光的独特战术是什么?
12. 三十六岁才开始学习枪法，却练成了宋朝“第一枪”的是谁?
13. 俞大猷将自己的剑法写成了一本书，书名叫什么?
14. 大明对倭寇取得的第一次海上大捷是谁指挥的?
15. 为什么戚继光招兵要招老实人?

# 第7期

公元1561年

# 台州九捷

戚繼光秀

## 穿越必读 CHUANYUE BIDU

汪直死后，沿海一带的倭寇展开了更猖獗的进攻。戚继光率领戚家军在宁海、新河、花街等地转战一个多月，大败倭寇，创下九战九捷的辉煌战绩，使侵犯江浙的倭寇遭到毁灭性打击，这便是彪炳史册的“台州九捷”。自此，戚继光一举成名。

# 戚家军打响第一战

## ——来自宁海的加急快报

（本报讯）嘉靖四十年（1561年）四月，上万名倭寇在浙江沿海登陆，大举进犯奉化、宁海！

戚家军训练了这么久，终于到大展身手的时候了！戚继光得到消息，立马率领三千戚家军，日夜兼程，前往宁海迎敌。

和以往一样，倭寇一看到他们，就挥舞着大刀恶狠狠地扑了上来。不过这次，戚继光一点也不惊慌，一声令下：“布阵！”明军便三五成群地聚在一起，摆出了一种倭寇从没见过的阵形。

倭寇不是被飞来的标枪射倒，就是被前排的盾牌挡住，好不容易冲进去，却被一种上面全是钩子的武器钩住，紧接着后面又冒出一支长矛，对着他们一顿乱捅。倭寇被捅得死的死，伤的伤，不到半个时辰就败下阵来。据统计，本次大战，倭寇死伤达两百多人，戚家军除一人轻伤外，其他人毫发无损。

第一战就打了个漂亮仗，戚继光非常高兴，但是，不是说有上万名倭寇吗？怎么这里只有上千人？莫非，敌人真正的目标是台州，宁海只是个陷阱？

# 鸳鸯阵大放异彩

编辑老师：

您好。听说在这次宁海遭遇战中，戚继光创造的“鸳鸯阵”首次登场大放异彩，把倭寇杀了个片甲不留。

这鸳鸯阵究竟有什么奇特之处？为什么有如此大的威力？很多军事迷对此感到非常好奇，能否给我们介绍一下呢？

资深军事迷　李小六

李小六：

你好。战场上的格斗，说白了就是打群架。但鸳鸯阵和普通的打群架不一样，那威力，可不是一个级别的！

所谓“鸳鸯阵”，就是像鸳鸯互相陪伴、配合一样，把士兵分成一个个小组。最常见的是“十一人作战组”（加上负责后勤的火兵为十二人组），最前面是两名盾牌兵，一手持盾牌作掩护，一手拿短刀防备敌人近身；盾牌兵后面正中是队长，拿着旗帜指挥大家进退；队长两侧是两名狼筅（xiǎn）兵——“狼筅”是一种特殊武器，前端有尖枪头，周身扎满铁枝和倒刺，专克倭寇的短刀；狼筅兵后面，左右各站两名长矛兵，是队里的攻击主力，专戳被狼筅缠住的倭寇；最后面是两名短刀手，负责“补刀”——要是有倭寇突破前面的防线，就靠他们收拾。这十一个人分工明确，长短兵器轮流出击，敌人就算躲过标枪，绕开盾牌，也会被狼筅钩住，再被长矛捅个大窟窿，战斗力直接拉满！

最绝的是，它还可以变阵，比如遇到狭窄地形，能拆成“两仪阵”“三才阵”等。不过限于篇幅，这变阵的门道，就留待你和其他军事迷慢慢发掘啦！

编辑　穿穿

# 王夫人巧施“空城计”

戚继光料得没错，就在他率军前往宁海的第二天——嘉靖四十年（1561年）四月二十四日，台州附近的新河突然遭到了倭寇袭击。

新河本是戚家军的驻地，可这时戚家军的主力都出去打仗了，城中防备极为空虚。

听到这个消息，大家都急得不行，只有戚继光镇定自若，还笑着跟手下说：“不用担心，新河那边有人收拾他们。”

这个人是谁？为何能让戚继光这么有信心呢？

记者一打听，原来戚继光口中的这个“能人”，正是他的老婆——王夫人。

前面我们已经知道，王夫人从小在军营中摸爬滚打，颇有大将风范，就连胆气过人的戚继光也怕她三分。

果然，得知倭寇来袭，王夫人毫无慌乱之色，先是派人张贴告示安抚人心，然后带着大家直奔存放武器的武库。

王夫人心里明白，仅靠留守的几百名亲兵是不可能抵抗倭寇的，只有把老百姓武装起来，才能拖延时间，等待援军的到来。

可看管仓库的士兵却是一根筋，一口回绝：“戚将军有令，

没有他的命令，谁也不能擅自打开武库。”

王夫人听了，柳眉一竖，厉声说道：“这都什么时候了！快开库门！有什么后果，叫戚继光来找我！”

看管的人吓得一激灵，连忙打开了武库门。很快，城里的百姓无论男女老少，都穿上军装，拿起武器，成了守城的一员。

等到倭寇气势汹汹地杀到新河城下时，抬头却见城墙上战旗猎猎，黑压压站满了人；旗下还坐着一名模样酷似戚继光的军官，威风凛凛。在“戚将军”的指挥下，城中不时射出弓箭、火枪，呐喊声震天动地。

“难道戚家军没去宁海？”倭寇顿时慌了神，不敢贸然攻城，只得在城外扎营，打算再观察两天。

等他们摸清城上的“戚继光”是王夫人找人假扮时，一切都晚了——第二天晚上，戚继光的援军已火速赶到，即刻向倭寇发起猛攻！

城中的王夫人见援军到来，立刻率军开门杀出去接应。双方里应外合，将倭寇打得溃不成军，落荒而逃。

据统计，新河一战，倭寇死伤二百余人，戚家军仅阵亡三人，再次大获全胜。

# 戚家军怒战花街

新河之战虽胜利了，但戚继光依然心急如焚。因为他刚刚收到一份急报：倭寇主力即将抵达台州，次日便会发动进攻！

可是这时，戚继光和他的戚家军离台州还有上百里。戚家军刚在宁海打完仗，已经精疲力尽，更棘手的是，军中快没有粮食了！

危急关头，戚继光当机立断："立刻出发，抢在倭寇之前抵达台州！"

就这样，戚家军顶着疲惫，奔袭约七十多里，终于在倭寇之前赶到台州城下。可守城的士兵却说倭寇已经离台州不远了，开门有风险。戚家军又累又饿，气得不行。

戚继光了解情况后，立即让人进城取出粮食，准备做饭，然后转身对将士们说："倭寇已到花街，离台州不过二里地！不如咱们先把这伙倭寇灭了，再回城痛痛快快吃饭，怎么样？"

戚家军将士本来选的都是老实人，被这么一劝，顿时士气高涨，当即整队出发，朝着花街奔去。

可能是急着赶回去吃饭，他们在花街一碰到倭寇，一句废话也没有，就摆开鸳鸯阵，和对方展开了激烈的巷战。领头的队长一马当先，冲上去就劈死了一名倭寇小头目，一下打乱了倭寇的阵脚。

尽管如此，打了很久，倭寇还是没有溃败的迹象。怎么

回事？戚继光看着看着，皱起了眉头，很快就找到了原因：

花街地形狭窄，而鸳鸯阵需有十一个人协同作战，需要一定的空间才能发挥威力，眼下的地形正好限制了阵法的发挥。

不过，这难不倒戚继光。他当即挥动令旗，高声下令："变阵！"

混战中的戚家军十一人战斗小组迅速作出调整：先拆分为五人一组，接着又缩为三人一组。每组依然由藤牌手、狼筅兵和长枪兵组成，人数虽然变少了，却更紧凑，更灵活了，攻防也愈发凌厉。

倭寇哪见过这种打法，勉强支撑了半个时辰，便全线溃败，纷纷四散逃命。戚家军紧追不舍，一直追到江边。走投无路的倭寇，或被杀死，或落水淹死，死伤不计其数。

这一战，戚家军歼灭敌人一千多人，还救出了五千多名被掳的百姓。而戚家军这边，仅三人阵亡，再度创下以少胜多的奇迹！

更令人叫绝的是，当戚继光率领人马胜利回城时，正好赶上最后一道菜上齐。那天，将士们大碗喝酒，大口吃肉，连日奔波作战的疲惫，早已在庆功的欢笑声中烟消云散了！

戚
戚
快跑啊，戚
老虎还在！
别怕，别怕，那是
戚继光的夫人！
母老虎更可怕啊！

# 了不起的九战九捷

渔妇李大娘

天哪，听说倭寇攻打台州的有三路人马，还有两千倭寇企图进攻台州东北的大田。这四面八方都是敌人，怎么得了？我真替咱们戚将军捏把冷汗哪！

渔夫王大刚

不怕，经过宁海、花街一战，戚将军现在对戚家军是一百个放心！所以这次他只带了一千多名亲兵主动前去迎战。

鱼贩子李七

哼，那些倭寇听说戚继光来了，吓得绕道去攻打处州，结果戚家军比他们速度还快，早早在上峰岭设下埋伏，把他们打得那叫一个惨啊！这一仗，戚家军歼灭倭寇三百余人，大获全胜。那些慌不择路掉下悬崖的倭寇，更不知道有多少，而咱们这边只有几个人阵亡呢！

台州某衙役

哈哈，戚家军在长沙湾（今浙江温岭市东南）也打胜仗了！到目前为止，戚家军在台州的九次战役全部都取得了胜利，全部都是以少胜多！这戚将军真是太厉害了，有他坐镇，倭寇再也不敢来我们这儿嚣张了！

**越越**（简称越） 大嘴记者

**戚继光**（简称戚） 特约嘉宾

嘉宾简介：他因平倭有功，连升三级，现为参将。作为明代最出色的将领之一，除了练兵，他还有一个特长，那就是研发各种武器。在台州大捷中，他将武器和阵法完美结合，充分发挥火器威力，打出了戚家军的威风。

越：戚爷好！

戚：还是叫我戚继光吧，我才三十多岁，还没到当爷的年纪呢。

越：您有所不知，这是现在的浙江百姓对您的尊称呢！

戚：那就谢谢大家抬爱了。其实这一切都是将士们的功劳。

越：那您这次连升三级，将士们都有什么奖励？

戚：将士们的奖励就简单了：每斩下一颗首级，赏银40两。

越：40两银子不少啊，可盖一座房呢！怪不得大家这么拼命。

戚：不拼命不行啊。一旦战败，不是被敌人杀死，就是被军法处死。

越：什么军法？

戚：如果主将战死，所有偏将都斩首；偏将战死，手下所有千总都斩首……以此类推。

越：唉，我还以为您这总打胜仗，是因为鸳鸯阵练得好呢！

戚：光有鸳鸯阵不够，因为倭寇手里除了武士刀，还持有大量火器，打个枪，轰个炮，就能把你的阵整得稀碎。

越：明军不也装备了不少欧洲火器吗？只要你有钱，洋人那儿要多少有多少。

戚：（摇摇头）洋人的东西虽然好，用着却不趁手。比如佛郎机炮，打起来威风，但块头大，搬起来麻烦。鸟枪倒是方便携带，但一旦碰上变天，杀伤力不行，倭寇甚至还给子弹抹上毒药，一碰就是个死。

越：那可怎么办？

戚：没事，针对这些情况，我研发出一种新型火器。

越：（两眼放光）什么火器？

戚：就是这个虎蹲炮（命亲信搬上来一尊约两尺长的小炮）。

越：样子倒挺可爱，像个蹲着的小老虎，就是有点小，看不出有多厉害。

戚：你可别以貌取炮，这炮优点多多，可说是火器中的全能战士呢！

越：都有些什么优点呢？

戚：首先，它功能多，既能发射实心弹，又能发射散弹。其次，它性能好，不管刮风下雨，什么天气都能开火。还有，它携带方便，两三个人就能扛着走，去哪儿都成。最关键的是，它成本低，造价比外国火器便宜，好保养，好储藏，经济实惠。

越：这么便宜，会有好货吗？

戚：怎么没有？它第一次在上峰岭之战亮相，就把倭寇打得遍地开花！

越：原来我们国产火器曾经这么厉害啊！（低声细语）那为什么到了鸦片战争时却越来越㞞了呢？

戚：什么？鸦片战争？

越：（急忙摆手）啊，没什么没什么。今天很高兴又跟戚将军长知识了，希望我们的国产炮在接下来的战争中，取得更加优异的成绩！

戚：（骄傲的神情）那是必须的！大家就等我们的好消息吧！

# 广告小铺

## 台州捷报

嘉靖四十年（1561年）四月二十二日到五月二十七日，参将戚继光率四千明军，以其灵活的战术及卓越的军事指挥才能，对阵两万敌军，历时三十多天，在无其他军队配合的情况下，以少胜多，取得新河、花街、上峰岭等九次战役的胜利，共计歼灭敌人有生力量五千余人，累计伤亡数十人，基本平定浙江倭寇，特此报告。

胡宗宪

## 民谣一则

天皇皇，地皇皇，
莫惊我家小儿郎，
倭寇来，不要慌，
我有戚爷会抵挡。

## 《纪效新书》学习通知

《纪效新书》是戚继光将军在东南沿海抗倭期间写成的一部军事著作。该书内容具体实用，大到如何筑城，小到如何随身携带口粮，都写得清清楚楚，并配有各种图示，可说是他在台州练兵和治军的经验总结，具有极高的军事实用价值。希望我大明军官好好研读和学习。

大明朝廷

# 第8期

公元1562年

# 向福建进军

## 穿越必读 CHUANYUE BIDU

浙江倭寇平定之后，福建的倭患却日益严重，戚继光奉命率戚家军前去援救。戚继光因地制宜，巧妙利用地形，制定攻敌策略，先后在横屿岛、牛田、林墩痛击倭寇，取得了入闽抗倭的一系列大捷。

# 戚家军挺进福建

## ——来自福建的加急快报

（本报讯）台州之战后，浙江境内的倭寇再也不敢招惹戚家军，于是他们将魔爪伸向了福建。福建的倭患突然加剧，福建巡抚急得团团转，连忙向朝廷打报告，请求派兵支援。

嘉靖四十一年（1562年）七月，戚继光接到胡宗宪的命令，率领六千戚家军火速南下，驰援福建。

刚抵达福建，前来迎接的官员汪道昆就告诉他，这里的倭患比浙江还严重，从福建福宁（今福建省霞浦县）到福建南部的泉州、漳州一带，千里之地一片萧条，几乎全都是倭寇的贼窟！

经过一番实地勘察，戚继光决定第一战从横屿岛下手。

横屿岛坐落在福建宁德东北部，是个小岛，涨潮时四周一片汪洋，船只难靠；退潮时满滩烂泥，人踩上去十之八九会沉下去，当地人都叫它“夺命岛”。此时，正有一千多倭寇盘踞在这里。过去三年间，当地官员数次派兵围剿，不是无功而返，就是全军覆没。

那么，这次戚继光又能想出什么破敌之策，打破“攻岛必败”的魔咒呢？

# 横屿岛大捷

做完准备工作后，戚继光决定在八月初八白天落潮时对横屿岛发动攻击。出发前，戚继光召集全体将士开了一次大会，将上岛的风险一五一十地告诉了大家——

上岛时，必须经过一片十里长的浅滩。大约上午十点多，浅滩露出水面；最低潮是下午一点，三点后浅滩就会被淹没。也就是说，如果不能在退潮窗口期解决敌人，戚家军必死无疑，不是被敌人杀死，就是被潮水淹死。

末了，戚继光表示，这是一次非常冒险的行动，如果有人选择退出，他并不会予以指责。

在片刻的沉默之后，戚家军给了戚继光一个响亮的回答：“我们不远千里来到这里，为的就是杀贼！怎能后退！”

“出发！”戚继光一声令下，戚家军就向着横屿岛进发了。

由于潮水刚退，滩上一片泥泞。不过戚继光早已做好准备，他不慌不忙地令先锋部队用当地的土橇开路，每人背上一捆稻草，边走边扔，一路铺去，很快就铺出一条草路。

一开始，将士们走得还算顺利，走到中途，越靠近小岛，泥泞越严重，而大家身上又是铠甲，又是武器，渐渐双脚就像灌了铅似的，越走越疲惫。这样下去，大家还没上岛，就已经精疲力尽了，还怎么战斗呢?

就在这时，将士们的身后突然传来一阵鼓声:“咚咚咚……”回头一看，原来是主帅戚继光亲自为大家擂鼓助威!

伴随着激昂的鼓点，奇迹发生了，陷在泥泞中的戚家军好像重新获得了力量，再次迈开大步向前走去。

岛上的倭寇也听到了鼓声，不紧不慢地在岸边摆好阵势，准备迎接这群“送死鬼”。

突然，“轰”的一声巨响，一枚炮弹飞来，正好砸在倭寇的大本营里，营中顿时火光四起，惨叫连连。

倭寇还没回过神来，戚家军已经上岸，高喊着杀了过来。倭寇哪是戚家军的对手，没多久就被打得节节败退，只能拼命往海上逃。可他们刚跑出寨门，就撞见了早等在海上的水师——刚刚那枚炮弹就是他们发射的！水师将士驾着船围上来，长枪往水里刺，箭矢往逃兵身上射，一时间，海里的倭寇死的死，伤的伤，淹死的、自寻短见的不计其数。

从出发到战斗结束，只用了三个时辰。戚家军一共斩杀倭寇三百四十八人，生擒二十九人，烧死、淹死的有六百多人，解救被掳的百姓八百多人；而自己这边总共只牺牲十三人、轻伤若干人，其余人等全部平安凯旋。

据说战斗结束的那一刻，戚家军如释重负，一个个累得倒在地上，只有戚继光依旧昂首挺立，望着被收复的横屿岛，高声吟道：

“万人一心兮，太山可撼。

惟忠与义兮，气冲斗牛。

……

杀尽倭奴兮，觅个封侯！”

# 奇袭牛田

拿下横屿岛后，戚继光要啃下的第二块硬骨头是——牛田。

牛田位于福清城外，离海很近。倭寇以此为中心，建立了数十个据点。这些据点星罗棋布，互为掎角，绵延三十多里。只要一处被攻，其他据点的倭寇就会立马赶来支援。

了解完敌情，戚继光发现逃难的百姓中混有倭寇奸细，便故意放出风声："我军因为连续作战，非常疲劳，而且后方粮草还未到位，一时半会儿还攻不了牛田。"

倭寇信以为真，果然放松警惕，不再严加防备。当天夜里，戚继光便率将士们悄无声息地摸到牛田外围最大的倭寨——杞店寨外，发起突袭。可笑倭寇正在睡大觉，没来得及睁开眼睛，就被戚家军砍了脑袋。接着戚家军又放了一把火，把杞店寨烧得干干净净。牛田的倭寇派了七百人马赶来支援，也都中了戚继光的埋伏，尽数被歼。

之后，戚家军乘胜扑向牛田主寨。剩下的倭寇早已吓破了胆，纷纷弃寨奔逃。周边据点的倭寇见势不妙，也跟着降的降，逃的逃。就这样，绵延三十里的倭寇据点被戚家军一扫而空。

收到捷报，福建巡抚激动不已，亲率一众官员和百姓出城迎接，为戚家军举行了盛大的庆功仪式。

据统计，此战活捉倭寇十人，歼灭倭寇六百八十八人，缴获武器三百六十九件，救出被掳群众九百多人，而戚家军这边竟无一人伤亡，可说是战争史上的一大奇迹。

# 林墩之战

牛家湾农民小六：

听说牛田那帮漏网的倭寇跑林墩去了！林墩四周河流众多，只有一条大路和一条小路能通行，易守难攻，看来，戚家军要有一场硬仗打咯！

喜来客栈店小二：

是啊，本来戚将军计划走大路，结果找的向导是个奸细，把戚家军带进了小路。因为地形狭窄，戚家军几次进攻都被打退了。幸好戚将军临危不乱，率领士兵奋勇杀敌，另一路戚家军也赶来支援，这才转败为胜。

更夫张季：

据说这次戚家军斩首九百六十级，俘虏二十六人，共歼敌约三千人，解救百姓两千一百多人，而我军只有六十九人牺牲，可说是大获全胜啊！

衙役张去病：

唉，六十九人！这已经是戚家军自组建以来牺牲人数最多的一次了！要知道，戚家军个个都是浴血奋战的忠勇之士，戚将军一向爱兵如子，哪怕只是牺牲一个，也是非常大的损失啊！

天气太冷了，我们要回浙江了。
汪道昆
元敬兄，不要走！
不走，你给我们发军饷吗？
那你还是走吧！

# 戚继光真的阵前斩子了吗？

编辑老师：

您好！我是戚继光的一名粉丝。最近我听到这样一个事情，说戚将军在这次抗击倭寇时，让儿子戚印预先设好埋伏，自己出兵佯攻，把敌人全部引入包围圈后，一网打尽。临行前戚继光再三叮嘱戚印，不要急于求胜，违令者按军法处置。

结果，戚印还是没沉住气，没等倭寇全部进入包围圈，就下令杀敌，以致有一部分倭寇逃脱，未能全部歼灭。按照军纪，不服从指挥是要杀头的。所以，尽管戚印杀敌有功，将士们纷纷为他求情，但戚继光还是毫不留情地将儿子推出去斩首了！

这事大家说得有鼻子有眼的，可我听说，戚继光和他夫人成婚多年，并没有儿子啊。这个儿子是从哪里冒出来的呢？

一位匿名粉丝

这位粉丝：

你好。其实关于戚继光斩子的传闻很多，光福建和浙江就有两个版本，但多为后世文学虚构。首先，戚继光是有亲生儿子的，长子戚祚国，其余诸子也见于家谱，但无一人名为“戚印”。其次，明代官方史料及戚继光本人著作中，对此事只字未提。那么，会不会像大家猜测的那样，他斩的不是亲生儿子，而是义子呢？这个我也不能妄下结论。

不过，不管戚继光斩子是不是史实，表面上看，这事好像是在说戚继光六亲不认，不近人情，实际上却是告诉大家，在百姓眼里，戚家军军纪严明。而这，无疑是对戚继光最大的赞美。

编辑 穿穿

**越越**（简称越） 大嘴记者

**戚继光**（简称戚） 特约嘉宾

嘉宾简介：明朝著名抗倭将领，在本次福建抗倭中取得了三战三捷的好成绩，歼灭倭寇近万人，重创了倭寇的嚣张气焰，为福建人民立下了可歌可泣的不朽功勋。但此时的他，却动了离职的念头，这是为什么呢？

越：戚将军，您怎么回浙江了？福建那边的倭寇消灭光了？

戚：还没有。只是现在天气冷了，将士们想回家。而且我是胡大人的部下，是借调到福建帮忙打倭寇的，最终还是得回来报到。

越：现在福建平倭形势一片大好，您走了，福建去哪里找您这么好的外援啊？

戚：他们肯定是舍不得，尤其是汪道昆（字伯玉）汪兄。这几次战斗中我俩并肩战斗，不仅取得了不错的战绩，还建立了深厚的友谊。

越：是啊，现在撤回浙江，很可能会前功尽弃。你何不向胡大人上书，要求延长借调期呢？胡大人一向支持抗倭，如果没有意外，肯定没问题的。

戚：事情坏就坏在这个意外上。胡大人出事啦！十一月，他就被削去官职、逮捕入京了！

越：啊，怎么回事？

戚：有人告了他一状，说他投靠严嵩，贪污腐化，谎报军功，等等，把他往死里整啊！

越：没事，胡大人聪明得很，以前也有很多人告他，但不是没有人能奈何得了他吗？

戚：过去那是因为他有严嵩做靠山，所以碰到什么事，都能逢凶化吉。但是五月严嵩已经被罢了官职，彻底倒台了！胡大人作为严嵩一路提拔起来的官员，能不受影响吗？要不是皇上念他是个抗倭英雄，他现在已经没命了。总之一句话，胡大人完啦！

越：胡大人完了，您好像不太高兴？

戚：我高兴什么？胡大人贵为浙直总督，说倒就倒了，我戚继光一介武将，还不是别人手心里的一只蚂蚁，想怎么捏就怎么捏！唉，大明有没有我，其实都一个样儿。

越：将军别灰心，没有胡大人，朝廷肯定会给您派个新上司。

戚：不是我替胡大人美言，大明官场尽是些抢功劳、抢官帽的，像胡大人这样能做点实事的，少之又少啊！

越：那您的新上司赵炳然赵大人如何？

戚：说起那个赵大人，我就生气，他不仅不支持我练兵，还处处防着我、约束我，甚至还想解除我的兵权，我感觉在他手下，我的戚家军迟早会完蛋。

越：那可怎么办？

戚：我本来准备撂挑子不干了。伯玉兄写信来劝我，不要因为一时的挫折一蹶不振，不要辜负了大明百姓。唉，我说不过他。

越：汪大人说得对啊，大丈夫当立于天地之间，不要为这一时的不顺想不开。世间事，岂能尽如人意，但求无愧于心！

戚：嗯，请大家放心，为了大明百姓，我戚继光还会继续好好干的！

# 广告小铺

## 告张湾百姓书

张湾的父老乡亲们，我知道你们之中有一些人是迫不得已才与倭寇合作。只要你们真心悔改，主动请罪，官府一律既往不咎。即便是情节严重的，只要将功赎罪，为剿倭效力，也可宽大处理。让我们同心协力，一起将倭寇赶出大明国土，还我大明百姓一片安宁。

戚继光

## 发放光饼

因我军常常轻兵急袭、转战千里，顾不上埋锅造饭，为保障士兵们不饿肚子，我们遵戚将军之令改良福建当地烤饼工艺，制作出一种专用军饼。此饼结实耐存、易饱解饿，中间穿孔，可穿细麻绳挂在胸前，低头即可食用，非常利于行军打仗。今日战前发放，希望大家喜欢。

戚家军食堂

福建百姓为了纪念戚继光的功绩，把这种饼称为光饼。

## 戚家军军歌

### 《凯歌》

万人一心兮，太山可撼。  
惟忠与义兮，气冲斗牛。  
主将亲我兮，胜如父母。  
干犯军法兮，身不自由。  
号令明兮，赏罚信。  
赴水火兮，敢迟留！  
上报天子兮，下救黔首。  
杀尽倭奴兮，觅个封侯。

戚继光

# 第9期

公元1562年—公元1566年

# 再次向福建进军

戚繼光傳

## 穿越必读 CHUANYUE BIDU

戚家军回浙江后，福建沿海的倭寇卷土重来。戚继光不得不再次率军奔赴福建。在敌我兵力对比悬殊的情况下，他与老战友俞大猷、新任福建巡抚谭纶联手，先取得平海卫大捷，后又独立指挥戚家军取得仙游大捷等辉煌战绩。经过十几年的艰苦战斗，大明帝国东南沿海的倭患基本平息。

# 兴化沦陷了

## ——来自福建的加急快报

（本报讯）戚继光班师回浙江了，倭寇高兴得不得了，叫嚣着：“戚老虎走了，我等何惧之有！”

嘉靖四十一年（1562年）冬天，倭寇聚集六千多人，再次进犯福建。他们沿途烧杀抢掠，裹挟流民与海盗，短短一个月，便壮大到一万多人，接连攻破好几个县城后，又将兴化府城（今福建莆田）团团包围。

朝廷立马派广东总兵刘显率军前去援救。刘显所部兵力有限，不敢直接攻城。为了和城内取得联系，他派了八名士兵打扮成老百姓的样子进城送信。结果一行人走到半路被倭寇发现，全部被俘。

狡猾的倭寇搜到刘显的书信，便将计就计，派人冒充送信的明兵混进城里。等到天黑以后，这些奸细悄悄打开城门，把城外的倭寇放了进来。就这样，坚守了一个多月的兴化府城终究陷落，数万军民惨遭杀害。

昔日繁华的府城，如今到处尸骨累累，臭气熏天，成了名副其实的人间地狱。

福建百姓再次陷入了恐慌之中……

# 世界上最难的暗号

刘将军也太不小心了，这密码、暗号、情报都是绝密信息，怎么能这么轻易就泄露了呢？

浙江小兵黎小八

义乌小兵
陈大郎

也算是给我们提了个醒吧。我们将军本来想跟刘显、俞大猷两位将军联络，怕重蹈覆辙，就发明了一套叫“反切码”的暗号系统。简单来说，就是用一个字的声母和另一个字的韵母，结合声调，拼出第三个字的读音。例如，如果情报中的编码是“5-25-2”，则对应“低”字的声母（编号5），“西”字的韵母（编号25），声调二声（编号2），合起来就是“敌”字。怎么样，厉害吧？

哎呀，你说得这么清楚，不怕被敌人知道吗？

福建小兵朱七

哈哈，反切码最难的地方就是，如果没有密码表，敌人即使知道方法也破译不出来。而密码表只有经过培训的侦察兵才知道，可说是当时世界上最难的暗号之一呢！

戚家军侦察兵丙

戚继光通过这套独一无二的“密码”，确保了内部情报传递的绝对安全。

# 平海卫大捷

倭寇扫荡完兴化后，又向南转移，攻占了平海卫。

平海卫是当地一个卫所营地，三面环海，易守难攻。俞大猷和刘显率军赶到附近，因兵力不足，驻扎了一个多月，都不敢轻举妄动，一心等待戚继光的援军。

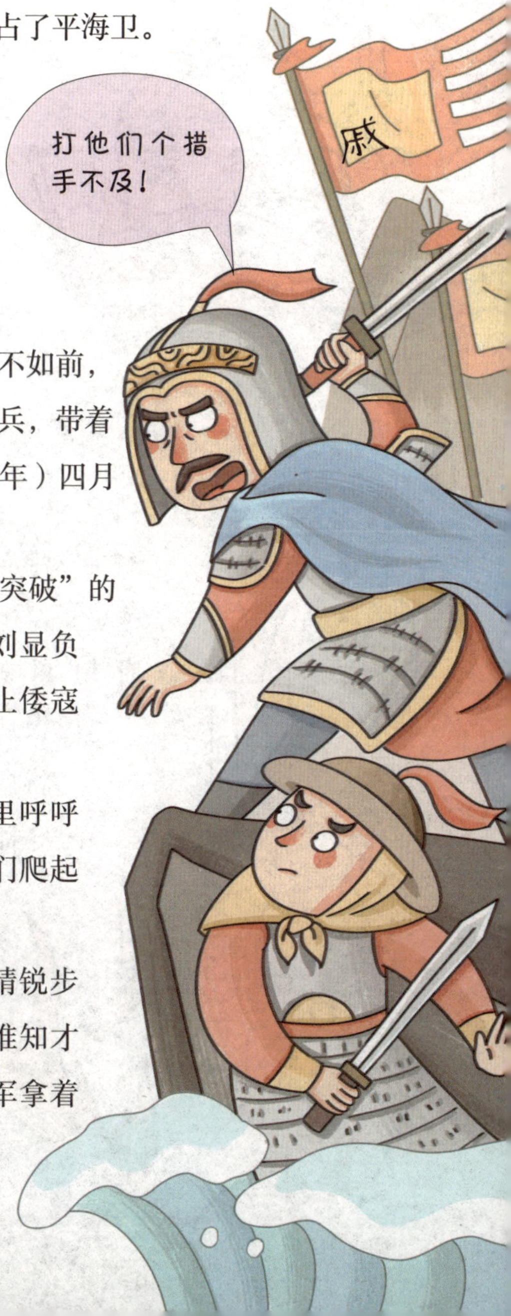


因为之前戚家军伤亡较多，战斗力大不如前，戚继光便再次前往义乌，招募了一万多新兵，带着队伍边赶路边训练。嘉靖四十二年（1563年）四月中旬，他终于率部与刘、俞胜利会师。

三方最后商定采用“水陆联合、中间突破”的战术。由兵力最多的戚继光负责主攻，刘显负责陆路配合，俞大猷负责水路拦截，防止倭寇出海逃走。

四月二十一日凌晨，倭寇还在大营里呼呼大睡，突然听见一片震天的喊杀声。他们爬起来一看——戚家军已经杀到跟前了！

倭寇头头顿时惊慌失措，赶紧出动精锐步兵和骑兵，企图冲散戚家军的鸳鸯阵。谁知才冲一半，就听“砰砰”几声巨响，戚家军拿着火铳、架着虎蹲炮，对着他们一顿猛轰。刹那间火光四起，铳声、炮声此起彼伏，响成一片。倭寇顿时阵脚大乱，纷纷向后溃退。

与此同时，刘、俞的军队也从左右两侧杀了过来。倭寇见三面都是明军，心中发怵，转身逃进了身后的老巢许家村。

眼见倭寇龟缩不出，一阵海风吹过，戚继光灵机一动，一声令下：“放火！”

眨眼之间，整个许家村燃起了熊熊大火。倭寇要么被烧死，要么被杀死，要么慌不择路跌下悬崖，摔得粉身碎骨，几乎全军覆没。

据统计，此次战斗只用了四五个小时，戚家军以阵亡十六人的微小代价，歼灭两千多倭寇，救出了三千多名百姓，并乘胜收复了平海卫和兴化府城，可说是一雪前耻。

捷报送到京城，皇帝龙颜大悦，下旨嘉奖众将。戚继光因功晋升为福建总兵官，负责镇守福建全省及浙江温州、金华两府的海防事务。这下，东南沿海的倭寇都不敢轻举妄动了！

# 巧解仙游之围

倭寇打了败仗，始终不甘心，到了第二年冬天，他们又聚集两万七千多人，气势汹汹地围攻仙游城（今福建仙游县）。

据了解，这是戚继光抗倭以来，倭寇入侵福建规模最大、人数最多的一次。可小小的仙游，为何会让倭寇如此兴师动众呢?

有人说，是因为倭寇把从兴化抢来的珍宝，偷偷地藏在了仙游一带。也有人说，是因为仙游离省城福州只有三百多里，倭寇想以仙游为跳板，一路打到福州去。

好在戚继光早有防备，提前派了两百名精锐将士，先一步赶到仙游，协助城里的两百民兵一起守城。

可即使如此，四百对两万七，兵力差距实在太悬殊了，而援军又迟迟不到。怎么办?

危急时刻，戚继光先是派一队人在城外的山上扎下营寨，白天摇旗呐喊，夜里点燃火把，故意营造出营中兵力雄厚的假象，迷惑倭寇；接着又组建了一支五百人的敢死队，每当倭寇主力集中攻城时，敢死队就悄悄绕到后方偷袭倭营。倭寇顾此失彼，不得不频繁分兵回营救援，渐渐被拖得疲于奔命。

倭寇久攻不下，竟突发奇想，要与戚继光和谈。戚继光于是将计就计，一面令人与他们假意谈判，以拖延时间；一面悄悄地修建土城，加强防守。

就这样周旋了一个多月，六千名援军终于从浙江赶了过来。援军一到，戚继光立马变被动为主动，正式向敌人发起进攻——当天夜里下了一场大雨，清晨大雾弥漫，能见度极低。倭寇怎么也没想到，戚家军会在这个时候杀过来。等发现戚家军杀到他们眼皮底下时，已经迟了！

仅仅一天工夫，戚家军就把倭寇打得落花流水，将他们盘踞的东、西、南、北四大倭营全端掉了。

这一战，戚家军以少胜多，共歼灭一千多倭寇，解救百姓三千多人，缴获器械六百多件。

在连续打了几次胜仗之后，福建的大规模倭患基本平息。从此，东南沿海的百姓迎来了久违的太平。

这个戚继光
真不是人！
倭寇俘虏
大胆，居然敢骂
我们戚将军！
我是说，戚继光不
是人，是神！

# 朝中无人怎么办？

编辑老师：

您好！这次到福建抗倭，最惊喜的是见到了俞大猷将军。之前他被人冤枉关进大牢，我一直揪着心。后来才知道，是锦衣卫指挥使陆炳帮忙，跟朝廷说明了情况，俞将军才得以出狱。俞将军有这样的贵人相助，我真替他感到高兴。

可我自己却有点犯愁：我在朝中一个熟悉的朋友都没有，以前还有上司胡宗宪大人与我一同谋划抗倭大计，可现在连他也被关进了大牢。要是以后我有什么事，谁会来帮我呢？我爹从小就教我，为官要廉洁奉公，我也不想走那些送礼、开后门的歪路，可是，只靠我自己，我能顺顺利利地赶走倭寇，保护百姓吗？

戚继光

戚将军：

您别担心！您不想走歪路、一心保护百姓的想法特别了不起，这才是当官该有的样子，千万不能改啊！

其实朝廷里，还有两位和您一样想为百姓做事的大人：一位是翰林院侍讲学士高拱大人，他是裕王的侍讲官，特别关心边防的事，而且从不收别人的好处；另一位是翰林院编修张居正大人，他与高拱大人同为裕王的近臣，脑子灵，有远见，也想把倭寇和蒙古的问题解决掉。

他们俩看重的，不是您会不会送礼，而是您是不是真心为百姓做事。只是高大人为人孤傲，张大人相对来讲做事更灵活一些，您若能寻机与他们结交，向他们陈明东南抗倭的难处与对策，以他们的远见和抱负，定能成为您的有力支持者。凭您的忠勇与他们的智谋，大明百姓的生活定会如芝麻开花——节节高。希望您早日找到更多志同道合的人，一起护佑咱们的国家和百姓！

编辑穿穿

中国历史穿越报 编辑部

**越越**（简称越）大嘴记者

**俞大猷**（简称俞）特约嘉宾

**嘉宾简介：**明朝著名抗倭将领，与戚继光并称为“俞龙戚虎”，同为东南抗倭的中流砥柱。他半生驰骋疆场，抗倭平乱，战功累累，曾四次当参将，六次当总兵，两次做都督。他最讨厌溜须拍马，结果常常被人“穿小鞋”，但不管怎么折腾，他始终是打不垮的抗倭猛将！

越：您好，俞总兵。听说您年轻时天天抱着书本啃，做梦都想考科举当文官，怎么后来突然“弃文从武”了呢？

俞：说来话长，当年我祖上跟着明太祖打仗，混了个世袭的“百户”小官。在我二十九岁那年，父亲去世了，家里日子过得艰难，科举又不是说中就中，我就回家接了我爹的差事，先混口饭吃——没想到，一入军营深似海，跟倭寇杠上了！

越：听说您和戚将军都考了武举，您位列武进士第五名，直接升了千户！这也太牛了吧！

俞：嗨，就是运气好，加上练了几年拳脚，不算啥。

越：您可别谦虚！我听说，您不光会打拳、会耍剑，还自创了“俞家棍”，去少林寺踢过馆，妥妥的“武林高手”啊！

俞：那套棍法也就对付倭寇管用，我把它写进了我的《剑经》里，戚公练兵时也常参考呢，哈哈！

越：说起戚将军，老百姓常说“俞龙戚虎，杀贼如土”。您和戚将军到底谁更厉害呀？

俞：哈哈，他连自家老婆都打不过，你说呢？

越：哈哈！原来戚将军是“妻管严”啊！

俞：逗你玩呢！戚公那才叫真本事——他琢磨的兵法、阵法，跟变戏法似的，倭寇见了就腿软，我拍马都赶不上！

越：在我眼里，你们俩本事都大。可您的官运，就比他差远了！您看他，先是有胡宗宪罩着，胡宗宪倒了，又有谭纶、张居正罩着。而您呢，立了功没人提，犯点小错就当“背锅侠”——给张经干活，被赵文华整；给胡宗宪干活，虽受重用却也躲不过朝堂的明枪暗箭；给谭纶干活……谭纶没整您吧？

俞：谭大人倒没为难我，就是他心里头还是最看重戚公——毕竟戚公那脑子，想出来的招儿太顶用了！

越：那这次平海卫大捷，谭纶、戚将军都升官了，就连刘显也有奖赏，您得了什么奖赏没？

俞：别提了，朝廷就给了我五十两银子，论功行赏时竟把首功记给了冲锋的部将，我这个总指挥倒没什么升迁。

越：这也太不公平了吧！同样都是出生入死，差别也太大了！

俞：无妨！我来当兵，又不是为了当官发财，只要能把倭寇赶跑，让老百姓过上好日子，其他都是浮云。

越：您这胸怀，比咱福建的大海还宽！对了，有件事我挺好奇的，您年纪比戚继光大，早年在军中还当过他的上司，怎么对他一口一个“戚公”，这么尊重他啊？

俞：在我心中，不管年纪大小、官大官小，谁有真本事，谁真心为百姓做事，谁就是“公”——戚公配得上！

越：太牛了！那您之后还会留在福建老家吗？

俞：皇上下旨调我去广东任总兵，剿灭那边的倭寇，我正要回家收拾行李呢！

越：那在此祝将军您一路平安了。

# 广告小铺

## 劝降檄文

请大家注意，本次我军的重点围剿对象是海盗头子吴平。吴平原本已被朝廷招安，却又出尔反尔，再次跟朝廷作对，罪不可赦！希望你们不要与他狼狈为奸，更不要为他白白送死。只要你们放下武器，朝廷一律免了你们的死罪，决不食言。

俞大猷

## 绝命诗

宝剑埋冤狱，忠魂绕白云。

胡宗宪

相传，1565年11月，胡宗宪在狱中写下这两句诗后自杀，享年五十四岁。诗的意思是：忠君报国的贤臣含冤入狱，最终冤死狱中，随身佩戴的宝剑也一起被掩埋。纵然身死，他的忠魂却依然在万里白云间徘徊，护佑国家，不肯散去。

## 喜帖

不孝有三，无后为大。早年犬子不幸夭折，夫人再无生育，我年过三十，为延续香火，不得已纳了房小妾。为表庆贺，特在营中设下薄宴，请兄弟们务必赏脸光临。此事请兄弟们保密，勿向外声张，以免我家夫人多心。

戚继光

戚继光纳了三房小妾，共生下五个儿子，分别是戚祚国、戚安国、戚昌国、戚报国、戚兴国。

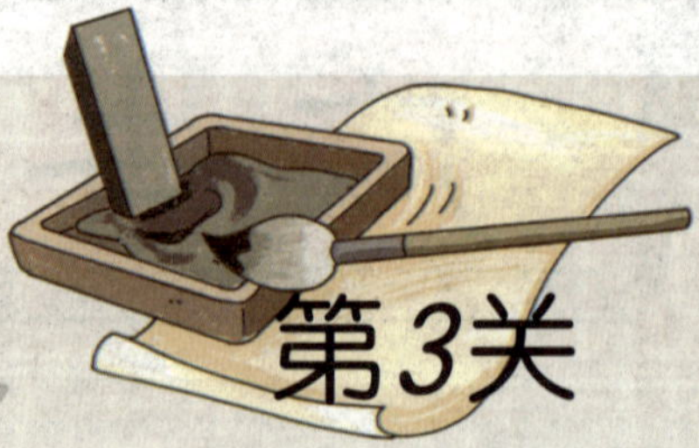

# 智者无敌 第3关 王者为大

1. 戚继光在东南沿海抗倭期间写成的军事著作叫什么？
2. 在东南抗倭期间，戚继光研发的新型火器叫什么？
3. 戚继光的夫人是通过什么计策守住新河的？
4. 戚继光取得台州九捷后，于哪一年首次被派往福建抗倭？
5. 倭寇在福建最重要的据点是哪三个？
6. 戚继光在福建的第一战是从哪里开始的？
7. 福建的哪一种传统食品跟戚继光抗倭的传说有关？
8. 继横屿岛之后，戚继光攻下的第二个倭寇据点是哪里？
9. 戚继光真的在阵前斩子了吗？
10. 在福建抗倭中，戚家军的哪次战争虽然胜利了，却牺牲了很多人？
11. 大明第一次被倭寇攻占的府城是哪里？
12. 戚继光发明的暗号系统叫什么？
13. 戚继光是哪次大捷后被擢升为福建总兵官的？
14. “宝剑埋冤狱，忠魂绕白云”是什么意思？

# 第10期

公元1566年—公元1572年

# 北上平虏

## 戚继光传

### 穿越必读 CHUANYUE BIDU

明王朝自建立以来，长期面临南北两大威胁，南面是从海上流窜来的倭寇，北面是草原上的蒙古人。虽然南边的大规模倭患已基本平息，但北边的蒙古还虎视眈眈，所以朝廷一纸令下，将刚刚平定“南倭”的戚继光调往北边，抵御“北虏”，继续建功立业。

# 新帝登基，戚继光北上

## ——来自福建的消息

(本报讯)嘉靖四十五年（1566年），一心修仙的嘉靖皇帝仙去了。他的儿子朱载垕（hòu）继位，改元隆庆（史称明穆宗）。

新皇帝登基改元后不久，大明的“老对手”俺答汗就送来了一份特别的“贺礼”——派出两路兵马入侵山西和蓟州。

前面我们已经知道，这蓟州是北方九边之一，东起山海关，西至居庸关，离京城最近，一旦沦陷，后果不堪设想。

隆庆帝怕蒙古人再次打过来，于是把谭纶调到北方，接着又下了道圣旨，要求戚继光立刻北上。

这时，俞大猷也写信给戚继光说：“大丈夫在世，要与一代豪杰争品色，宜在于东南；要与千古豪杰争品色，宜在于西北。”意思是，东南抗倭的功绩，已经足以让戚继光成为当代英雄；但要青史留名，还是要去西北建功立业。

于是，隆庆元年十一月，戚继光依依不舍地离开了战斗多年的福建。临行前，他祭奠了在抗倭战斗中牺牲的将士们，并表示自己将在北方战场，继续献身报国，建立新的功勋。

# 我想练一支十万人的军队

编辑老师：

您好。和我父亲一样，我很早就研究过北方边事。

北方边事和南方倭患有五大不同：一是倭寇来犯每次最多不过两万人，而蒙古骑兵一次可调动数十万。二是倭寇多是步兵，蒙古多是骑兵。三是明军擅长的火器在北方常常处于下风处，不利对战。四是倭寇受大海和季风影响，来去有规律，而蒙古骑兵来去不定。五是北边各镇相互观望，号令不一。

针对这些问题，我一到北京，就向朝廷上书，希望能给我十万大军进行训练，三年后，将这些兵分配到其他军队中去，带动其他边防的训练，等到时机成熟，就主动去讨伐蒙古；如果没有十万，给我五万也行，我也能保证蒙古不敢轻易南侵；如果没有五万，至少也得有三万，但这样只能保证把敌人挡在长城之外。如果连三万都没有，那就什么事也办不好了。

尽管我再三强调练兵十万的重要性，可朝廷到现在也没有回复我，这是怎么回事呢？

戚继光

戚将军：

您好。现在新帝登基，朝廷内部斗争激烈，大臣们政见不一，甚至有人怀疑您居心叵测，拥兵自重，支持您的老朋友张居正虽已入内阁，但眼下朝廷各方掣肘，他暂难全力推进。所以，您这个练强十万边兵、巩固边防的计划，推行起来阻力重重。

不过您也不要失望，有张阁老和蓟辽总督谭纶给您撑腰，相信很快您就能收到好消息的。

编辑 穿穿

隆庆二年（1568年）五月，朝廷命戚继光总理蓟州、昌平、保定三镇的练兵事务。

# 南兵北调修长城

隆庆三年（1569年）正月，戚继光被任命为蓟州总兵官，开始实地练兵。戚继光上任后却发现，蓟州兵军纪松弛，根本没法打仗，就奏请从浙江调来三千自己一手带出来的戚家军帮忙。

戚家军抵达蓟州后，戚继光特意安排了一次校场演练，演练时突然下起暴雨，蓟州兵顿时一哄而散，但戚家军却仍然列队挺立，从清晨站到傍晚。蓟州兵见了深受震撼，打那以后军中风气焕然一新。

由于北方的敌人和战场跟之前的都不一样，戚继光便放弃“鸳鸯阵”，创立了一套新的战术：最前面摆上车营，车上配备火炮和火铳，一边抵挡敌方骑兵的冲锋，一边开火。要是敌人继续往前冲，步兵就拿着长矛和短刀冲上去缠住他们。等到敌人被拖慢了节奏，藏在后面的骑兵就像闪电一样冲出去，彻底把敌人打跑。

除了练兵，戚继光还发现当地的长城年久失修，破败不堪，便带着大家把原来的长城加高、加厚、加固，同时创造性地修筑了大量“空心敌台”。这类敌台分为三层：底下一层是实心基座，与长城墙体相连，稳固台身；中间层是空心的，供将士们驻守、休息，同时囤积粮草和武器；最上层设有垛口、箭窗和炮位，方便观察和架设火炮。敌台之间根据地形调整，多在百步到两百步之间，可以相互声援。最终，戚继光在蓟州和昌平两千多里的长城上，修建了一千多座空心敌台。

就这样，战斗力超强的军队，高大坚固的长城，跟铜墙铁壁似的，把敌人生生地挡在了长城外。

# 俺答汗当了顺义王

我的天哪，太阳打西边出来了！那个俺答汗居然要与我们大明议和，封贡互市了！这是怎么回事啊？

陶工小陶

张秀才

我听说，这事跟俺答汗最爱的孙子把汉那吉有关。把汉那吉本来有个未婚妻，俺答汗见人家长得漂亮，竟自己娶回了家。把汉那吉一气之下，就主动向大明投降。俺答汗舍不得这乖孙子，怕大明把他杀了，就接受了大明的条件，做了大明的顺义王。

真没想到，有一天我们大明竟然可以不用打仗，不用割地，不用赔款，更不用和亲，就把困扰了我们两百年的边境冲突给解决了！朝廷这回真是太给力了！

铁匠王师傅

盐商王大利

这都是戚将军和将士们的功劳啊！要不是他们把边境守得跟铁桶似的，俺答汗之流打不进来，怎么可能会和我们议和呢！所以说，只有自己足够强大，别人才会跟你讲公平！

隆庆五年（1571年），明朝与俺答汗订立和约（史称隆庆和议）。此后，双方再也没有爆发大规模的战争。

天天练兵……
天天修长城……
还不如一孙子！
你们不搞这些东西，我早把孙子抢回去了！

**越越**（简称越） 大嘴记者

**戚继光**（简称戚） 特约嘉宾

嘉宾简介：现任蓟州总兵官。在他到任之前的十七年间，蓟州有十一名大将因为不能胜任被革职。而自他镇守以后，北疆核心区域几乎无大战发生。尽管有人说他战绩平平，但“不战而屈人之兵”，又何尝不是一种伟大的战术呢！

越：戚总兵，您对最近的隆庆和议怎么看？

戚：说实话，俺答汗来向大明讨孙子的时候，我还以为会有一场大战要打呢！我都已经做好准备了！

越：那现在这个结果，您是不是挺失望的？

戚：怎么会呢？这是好事啊！只是有点遗憾，没有机会试试我的车步骑营有多厉害了。

越：是啊，很多人说，既然现在议和，边境太平了，那以后可以不用养这么多兵，修这么多工事了，劳民伤财！

戚：说这话的人，鼠目寸光啊！你想想，俺答汗这次为什么这么容易就答应议和了？

越：不是因为他想把孙子讨回去吗？

戚：那大不了打一仗啊，以前他不就是这么做的吗？而且他很少吃败仗。

越：那这次为什么不打了？难道是因为，现在就算要打，也打不过了？

戚：对啊，要是你跟以前一样弱小，你看人家给不给你这个面子？

越：嗯，这都是因为戚将军的兵

练得好，长城修得好。我听说，现在蓟州军队的军容、实力在九边都排名第一呢。

戚：不敢当，不敢当。总之，兵该养得养，该练得练，稍稍松懈，敌人就会卷土重来。这把戏，我在倭寇身上见太多了。

越：说的也是。对了，听说，前不久您见到了当年和您一起平倭的东南第一军师——徐文长徐先生。他现在情况还好吧？

戚：唉，胡大人被抓了，他能好到哪儿去？听说他后来还是进了监狱，关了几年才被放出来。我还真没想到能在蓟州见到他。

越：据我所知，徐文长为人孤傲，一般人他都不放在眼里，唯独对您，却是礼遇有加，把您当知己看待。

戚：也不单单只有我啦，还有俞大猷、谭纶两位大人。

越：嗯，在他眼里，当今天下，杰出的武将只有你们三个人。其余都是泛泛之辈，不值一提。

戚：（摇摇头）其实在我看来，还有一个。

越：谁？

戚：辽东的李成梁。

越：这个人很厉害吗？我很好奇。

戚：哈哈，徐先生也很好奇，他已经去辽东给李成梁的两个儿子当老师去了。对了，他还把我的《纪效新书》也带了过去。

越：这……李成梁面对的是驰骋草原的蒙古骑兵，这抗倭兵法对他们有用吗？

戚：当然有用。我相信，徐先生教的终有一天会派上用场。

越：那我还是不希望派上用场吧，哈哈。

多年以后，李成梁的儿子李如松在援朝战争中大败日军。朝鲜国王向他请教制倭秘诀，李如松提及《纪效新书》朝鲜随即派人到中国大量购买，《纪效新书》就此传入朝鲜。

# 广告小铺

## 朝廷开放海禁了

好消息！朝廷开放海禁了，所有民间商船都可以出海经商了（史称隆庆开关）！

所有民间商船都必须先到福建的月港（位于今福建漳州）办理相关手续，申领“船由”（船籍证书）、“商引”（营业执照）后，才能出海经商。注意：严禁与日本进行贸易，一旦发现，即以通倭罪处理。

月港对外贸易中心

## 《练兵实纪》发放通知

《练兵实纪》是戚总兵在练兵中总结出来的一系列军事训练方法，内容涉及选兵、练兵、作战、军法及培养将帅等各个方面，堪称《纪效新书》的姐妹篇。现将其发放下去，请各位将士好好学习，仔细研究。

蓟州边防宣传处

## 成立战术化火枪骑兵队

为了充分发挥火器的威力，现决定将来自浙江的三千步兵全部改编为火枪骑兵队，这也是我朝目前第一支具有成熟战术的专业化火枪骑兵队。愿意尝试的兄弟们，欢迎前来报名。

戚继光

## 任职公告

现任命戚继光总理蓟州、昌平、保定三镇练兵事务。总兵官以下的将士都得听他的指挥与调度，不得违抗。

大明朝廷

# 第11期

公元1572年—公元1582年

# 镇守北疆

戚继光秀

## 穿越必读 CHUANYUE BIDU

练好了兵，修好了长城，戚继光又调动边防大军，组织了一次史无前例的阅兵大演练，被称为“震惊史册的绝招”。之后，蒙古右翼部落再也不敢轻易侵扰大明土地了。即使偶有蒙古左翼部落袭扰，也被明军迅速击退。

# 孩子当皇帝，好友成上级

## ——来自北京城的快报

（本报讯）隆庆六年（1572年）夏天，只当了六年皇帝的隆庆帝驾崩，年仅十岁的太子朱翊钧继位，年号万历。

所谓“一朝天子一朝臣”，新皇帝上任短短六天，隆庆帝的老师高拱就被撤掉内阁首辅职务，赶回老家。取而代之的，是万历皇帝的老师——四十八岁的张居正。张居正一上任，就开始大刀阔斧地改革。

不久，张居正提拔谭纶为兵部尚书，安排兵部侍郎汪道昆去蓟州视察，还写信嘱咐戚继光，要好好招待这位侍郎，不要怠慢了他。

戚继光一听，乐了，因为他和汪道昆早在福建就有了很深的交情。有友自远方来，不亦乐乎？

戚继光趁机向朝廷请求进行一次阅兵，检验一下这几年来的练兵成果，张居正和谭纶爽快地答应了。

“十年磨一剑”，戚继光这支宝剑经过数年的磨砺，会闪现出怎样的锋芒呢？

# 汤泉大阅兵

汪道昆一行到达蓟州不久，戚继光率领精锐官兵，在蓟州的汤泉（位于今河北遵化）举行了一次盛大的阅兵仪式。

仪式从十月二十二日开始。阅兵前，戚继光发表了重要讲话，他说，今天的演练是千古少有的盛事，希望每位官兵都能把这次演练当成实战，拿出自己的真本事。

之后，车、步、骑三大营列为一个个方阵，喊着响亮的口号，迈着整齐的步伐，行进到高台前接受检阅。

检阅结束后，不远处的烽火台，突然升起一股烽烟——“敌人”来了！但将士们并不慌张，依然井井有条地起床、起灶、做早饭，然后才开始从容不迫地布阵、反攻。

根据规划，“敌人”可以随意组织进攻，守军只能跟随敌人的调整而调整。往往是一路“敌军”还未杀退，另一路“敌军”又冲了过来……变化之多，规模之大，气势之伟，就连看台上的观众也看得惊心动魄。

值得一提的是，这次阅兵，戚继光还邀请了一批特别观众，那就是长城外边蒙古部落的使者。据说这些观众观看之后，纷纷被大明的实力所折服。

之后十几年，蓟州边境基本保持安宁。大家都说，都是这次史无前例的大阅兵创造的奇迹呢！

# 姓戚的怎么还不走?

编辑老师：

您好。您可能不认识我，我是蒙古朵颜部的首领——董狐狸。

为了对付我们，蓟州十七年间光换总兵就换了十一个，就现在这个姓戚的新总兵还有两把刷子。兄弟们被打怕了，都不敢再去挑衅，想等这姓戚的走了再打。可等啊等啊，等了四年，大明的皇帝都换了一届，这个姓戚的家伙还没走。

我们实在忍不了，就主动出兵去攻打他们，结果被打得稀里哗啦。

所以我想跟您打听一下，这个总兵什么时候才能换啊？要是他一直不走，我要不要主动出击呢？

朵颜部首领　董狐狸

董狐狸：

你好。虽然我不认识你，但“朵颜”这个名号我倒有点印象。朵颜部，也叫朵颜卫，有一支特别厉害的蒙古骑兵，以前是明朝的雇佣兵，最高光的时候，曾经在靖难之役中助明成祖朱棣夺得了皇位。但因为本身是蒙古人，他们对明朝并不忠心，时而投降时而反水，闹得大明很是头疼。

如果你想等戚继光走，那你的愿望可能要落空了。我听说，戚继光不仅没打算走，还老跟朝廷打报告，希望能主动出兵北伐，只是没得到朝廷的支持。

但如果你想主动出击，作为戚将军的手下败将，我劝你还是三思而后行吧！

编辑　穿穿

中国历史穿越报编辑部

董狐狸多次侵扰蓟州边境，直到他的弟弟长秃被戚继光活捉，才向大明投降。此后，北部边境出现了少有的太平景象。

# 戚继光援辽

由于戚继光这边守得密不透风，蒙古人打不进来，只好换了个地方，去辽东找生路。

当时的辽东总兵李成梁，手下有一支精锐骑兵（后人称为“辽东铁骑”），战斗力极强，出战三十多次，屡破蒙古部落，威震辽东，成为明朝边防队伍中的翘楚。李成梁也因此步步高升，在朝中的恩宠无人能比。

有意思的是，李成梁年年追着蒙古人打，来捣乱的蒙古人却还是没完没了。张居正对此心知肚明，他深知李成梁以战固边的策略，能让辽东保持战略均势，因此不仅没有追究，反而对其多加倚重。只有戚继光看在眼里，急在心里，好几次向朝廷请求，想带兵去辽东帮忙。

万历七年（1579年）十月，蒙古人又集结五万兵马，大举进犯辽东，张居正立刻下令，让戚继光率军前去支援。两大名将强强联手，一个用车营挡敌，一个带骑兵侧击，很快就把蒙古人打得人仰马翻，明军大获全胜。

由于任务完成得非常出色，戚继光被加封少保（从一品，明代赐给文武重臣的最高荣誉头衔）。再加上左都督的实职以及太子太保的荣誉头衔，这位戎马一生的名将，自此走上人生巅峰，成为明代最风光的武将之一。

# 谁是当今大明第一战神？

你们说，戚继光和李成梁，同样是镇守边关，同样是能力非凡，战功赫赫，谁算得上是当今我们大明第一战神呢？

大同小兵王七

那当然是李将军啊，不论是战斗次数、歼敌次数，还是立功次数，他都比戚将军多，就连官也比戚将军大，不然怎么会有人说“李成梁第一，戚继光第二”呢？

辽东小兵金某

得了吧，一个是养寇自重，只图自己步步高升，只要辽东还有战事，想立多少功就有多少功。一个是把国家安全、百姓安全摆在第一位，打得边境无仗可打，自己无官可升。你们说，谁更厉害些？

蓟州小兵夏某

没错，比起李成梁，敌人更害怕的是戚继光，就连李成梁本人也很尊重他。不管官方怎么排名，在老百姓心目中，戚爷才是当之无愧的大明第一战神！

福建商人张老板

蒙古人在辽东的势力衰微后，原本不起眼的建州女真逐渐强大，成为大明王朝最强大的对手。

大明第一战神
李成梁
报！戚将
军来了！
大第二战神

越越（简称越）大嘴记者

张居正（简称张）特约嘉宾

嘉宾简介：当今天子的老师，现任内阁首辅。他能力卓越，心怀天下，经过他的改革，原本腐朽不堪的大明王朝，一度焕发出新的生命力。与此同时，他改革手段强硬，大权独揽，生活上亦有逾制之举，再加上威权震主，为他日后遭到清算留下了巨大的隐患。

越：张阁老，想见您一面可真不容易啊！

张：嗯，老夫公务繁忙，要不是元敬介绍，我家的大门还真不是随便什么人都能进来的。

越：想不到戚将军面子还挺大。听说戚将军每次来京城，都会给您送礼，向您行贿？

张：我俩既是同僚，又是朋友，互相送点礼不很正常吗？这也能叫行贿？成大事者，不要老把注意力放在这些小事上！

越：有道理。大明建国两百多年了，到现在还能蒸蒸日上，都是您的功劳！

张：这个我倒不敢一人居功，元敬和李成梁两位也是立了大功的。尤其是元敬，镇守蓟州十多年，劳苦功高。

越：既然他功劳这么大，为什么现在还是个总兵呢？他哪点比不上谭纶、汪道昆？

张：这就不能怪老夫了，朝廷重文轻武，武将能力再强，功劳再大，也不能做总督、巡抚，至于进兵部当侍郎，更是难如登天。不过，小记者也用不着为他抱不平。他虽然只是个总兵，但大家都不敢对他怎么样。就算是兵部尚书，见了他也要客客气气的。

越：那还不是因为大家都知道，他的后台是您嘛！

张：哈哈哈……

越：不过阁老，您对他是不是好得过了头？

张：此话怎讲？

越：您看啊，您对他简直是有求必应，下属不听话了，换！副手不听话了，换！上司不听话了，换！您这样搞，谁还敢碰他？

张：哈哈，我本来还打算创建一个新的官职，将蓟州地区的所有权力交给他呢，只是有人反对，才没实现。

越：我还听说，别的军队常年被朝廷监督，能按时发饷就不错了；戚将军的军队一年只接受一次监察，军饷不仅按时发放，还比其他人多得多。您这么偏心，不怕别人说闲话吗？

张：确实有人说，朝廷每年为他的军队花这么多钱，他并没有打过多少仗、歼灭过多少敌人。

越：看吧，果然被人说了。

张：可是我认为，元敌在长城十余年不打仗，就是他的功劳。

越：嗯，军队的作用是为了和平，而不是为了打仗。

张：没错。你看，有他和李成梁两位守边，再加上宣大（宣府镇、大同镇的合称）互市的便利，那边也不打仗了，大家都忙着做生意，现在的大明国库充裕，边境安宁，不是很好吗？

越：是挺好的。只是“树大招风”，您的改革动了那么多人的蛋糕，还是低调点好。

张：没事，当今皇帝是我的学生，大到国事，小到家宴，他都听我的，更别说别人了。

越：那是皇帝还小，要是再大点，就不会让您当丞相了吧。

张：我可不是丞相，我是摄政。

越：啊，您的意思是，您权力比皇帝还大？……那我也不好多说什么，阁老您多加保重吧！再见！

# 广告小铺

### 请做好阅兵准备

本次阅兵将历时一个半月，既会有基本技能的考核训练，又会有各兵种之间的协同作战，还有近战、夜战、攻城、守城、阵法和比武等各项内容。

希望各营做好准备，以十二分的精神面貌迎接这次挑战！

蓟州边防指挥部

### 贺戚总兵升左都督

热烈庆祝，戚总兵因镇守蓟州练兵筑城、屡立边功，荣升左都督（正一品）！明日我们将在汤泉流杯亭为他设宴庆贺，欢迎大家光临。

蓟州兵营

几年后，戚继光又加封太子太保，他在北疆的声望与影响力也随之进一步提升。

### 悼恩师梁玠

恩师梁玠于万历四年（1576年）仙去，享年七十二岁。

我少年时，先生不嫌我资质愚钝，督促我读书识字，教我为人处世，我今天的一字一句，都来自先生的教导。

先生仕途坎坷，学富五车，却屡屡落榜，但他始终坚守文人的气节，面对强盗，他临危不惧；身中箭伤，他处变不惊。我们将永远铭记先生的美德。先生，一路走好！

学生　戚继光

# 第12期

公元1582年—公元1588年

# 英雄末路

## 戚继光传

**穿越必读** CHUANYUE BIDU

戚继光南征北战、屡立战功，其成就的取得与一代内阁首辅张居正的赏识与支持密切相关。然而，“成也张居正，败也张居正”，随着张居正的死亡，戚继光也遭到牵连排挤，一代名将最终在失意潦倒中，郁郁而终。

# 后台倒了，戚继光被贬广东

## ——来自大明朝廷的特别快讯

（本报讯）就在戚继光风头正盛的时候，万历十年（1582年）六月，大明首辅张居正因病逝世，享年五十八岁。

这位伟大的改革家，因为改革时得罪了很多人，死后才半年工夫，就遭到了皇帝的清算，被追夺所有赠官与谥号，还被定为专权乱政的罪臣。

曾经与张居正来往密切的戚继光，也遭到了“倒张派”的打击和弹劾。

有人说，他吃空饷、贪污军饷，培养军中个人势力；有人说，他私调士卒为张居正的父亲送葬，有违军规；还有人说，他和张居正半夜三更都在传递文书，肯定是想造反……甚至就连戚继光昔日的手下也四处散播他的流言，企图取而代之。

而这时，北方边防已然稳固，在朝堂政敌眼中，戚继光也成了可有可无之人。

于是，皇帝一纸诏书，将戚继光调离经营了十几年的蓟州，发配到南方去任广东总兵。

# 戚继光在广东的日子

告别蓟州的父老乡亲，戚继光再次南下，住进了老朋友俞大猷住过的广东总兵府。

这时的广东，已经变得一片安宁祥和。戚继光也由年轻力壮的小伙子，变成了两鬓斑白的老头子。所谓的“总兵”，不过是个名义上的职务罢了，要兵没兵，要钱没钱。

但戚继光还是拖着日益佝偻的身子，坚持去各个卫所巡视。每到一处，他都要去士兵的营房走走，检查检查军队的武器装备，和士兵们聊聊天，抓住一切机会练兵。

除此之外，戚继光开始整理修订自己的诗文集《止止堂集》和两本重量级著作《纪效新书》和《练兵实纪》，并同意让广州布政司将书免费刊印，分发给大小军官们，用来训练士兵，希望能对大明军队有所帮助。

然而，朝廷的“倒张”运动还在继续。万历十二年（1584年），皇帝又变本加厉，抄了张居正的家，活活饿死了十几号人。作为张居正的亲信旧部，戚继光也被罢掉所有官职，就连他担任云贵总兵的弟弟戚继美，也被受其牵连被罢免官职。

接二连三地被贬，让戚继光身心俱疲，于是，他以回家养病为由，离开了生活三十余年的军营。

# 弟弟死了，儿子死了，老婆也走了

唉，戚将军好不容易回到家乡，还以为能和弟弟继美一家团聚。没想到弟弟一家三口竟在返乡途中相继病亡，所有钱财都被弟弟的小妾卷跑了！

木匠张三

铁匠王五

更不幸的是，他回家没多久，他的二儿子安国也死了。可怜戚将军白发人送黑发人，这才多久的工夫，戚将军的头发和胡须竟然全都白了！

戚安国本来是戚继光的小妾生的，因为正室王夫人独子夭折后没有再生育，就将他视若己出。这王夫人没有亲生儿子，把他看得跟命根子似的。现在儿子没了，王夫人觉得跟戚继光过得没意思，竟然也将戚继光的钱财席卷一空，回了娘家，再也不回来了！

媒婆孟大娘

农民何大头

可怜现在戚继光是兄弟没了，老婆也走了，儿子不是死就是穷得叮当响，而他自己有的只是一身的病，连买药的钱都拿不出来了。一代英雄，竟沦落到这般田地，唉！

# 我还能够复出吗？

编辑老师：

您好！前不久，我的山东老乡傅光宅向朝廷建议，让我重新去镇守北方。原来，我南下广东时，建州女真的首领努尔哈赤以十三副铠甲起事，严重威胁到了大明边境的安全。

其实，这些年我也一直关注着边疆和京城的消息。为了能够复出，我还写了一首诗——

**寄书向知己，不解作家音。**

**男儿铁石志，总是报君心。**

不知道，皇帝能不能体会到我的一片拳拳爱国之心，再给我一次报国的机会呢？

戚继光

戚老将军：

您好。很不幸，那位因清算张居正而“恨屋及乌”的小皇帝，不仅不打算给您机会，还下令夺了傅光宅两年的俸禄。估计以后朝中谁也不敢再提让您复出的事了。

其实，换个角度来想，这未必不是一件好事。古往今来，很多武将不是死在战场上，就是被皇帝赐死，想想张居正的下场吧。相比之下，您还能够混到体体面面地退休，已经是件很幸运的事了。

更何况您现在年迈体衰，重病缠身，当务之急，还是要养好身体，就别老想着为国尽忠这种事了吧！

祝您早日康复！

编辑★穿穿

**越越**（简称越） 大嘴记者

**戚继光**（简称戚） 特约嘉宾

嘉宾简介：他曾是了不起的抗倭英雄、平虏战神，一生忠心报国，立功无数，却在生命的最后几年，因多年的戎马生涯积劳成疾，陷入生计困顿的凄凉境地。面对如此晚年，这位大明最伟大的将军会有什么样的感慨呢？

越：老将军，近来身体好点了没？吃药了吗？

戚：咳咳……现在连饭都吃不起了，哪有什么钱抓药？

越：啊，您身为曾经的朝廷一品大官，应该有退休金吧？

戚：朝廷以我犯错为由，把我的俸禄没收了。要不是有乡亲们照应，我恐怕要去讨饭了。

越：这也太过分了！那您当了这么多年的官，就没点积蓄吗？

戚：唉，那点积蓄都被我夫人带走了。

越：尊夫人一个子儿也没给您留吗？她也太狠心了吧？

戚：不怪她，都是我的错，我的错。

越：早就听说戚将军“怕老婆”，没想到怕到这种程度（摇头）。

戚：胡说！我堂堂一个将军，成千上万的敌人都不怕，怎么会怕老婆？（小声）你都听说什么了？

越：我听说，一次有几个兵想替您出气，把夫人骗到军中，想杀杀她的威风。谁知道她进去一吼，问您要干吗，您吓得一哆嗦，居然说是请她来阅兵的！哈哈，这还不叫“怕”？

戚：我这不叫怕，叫爱（红脸）！懂不？

越：不懂不懂，爱她的话为何要瞒着她娶小妾呢？

戚：我和她成婚多年，嫡子夭折后，便再无子嗣，“不孝有三，无后为大”，我能怎么办？唉，是我负了她。走了也好，免得连累她和她的娘家。

越：那您的几个儿子现在怎么样了？

戚：他们现在也是一贫如洗，只有我的长子祚国继承了祖上的登州卫指挥佥事一职。

越：您为大明立下那么多战功，他继承的职位不应该更高一点吗？

戚：唉，现在哪敢有这种奢望？我只求陛下能够明辨是非，不要由着小人中伤我就行了。

越：他们说你什么了？

戚：他们说我好大喜功，欺君罔上，沽名钓誉，说戚家军也并非百战百胜，等等。唉，难道我转战五省，大小百余战，斩获甚众，身上负伤十多处，这些都是假的不成？（拭泪）

越：岂有此理！老将军别伤心。朝廷不记得您，百姓也会记得您的。像您这样从军三十多年，胜绩无数的名将，整个明朝除了王阳明，就只有您一个呢！

戚：我哪敢和王阳明先生相提并论，他可是我的偶像。我研读王阳明先生的作品，他的思想让我明白，一个人要想一展宏图，有时候，不得不做一些连自己都很讨厌的事情。唉，要是我爹知道我做的那些事，一定会大骂我一顿的。

越：但我相信，您爹也会为您今天的成就感到骄傲的！

戚：咳咳……希望如此吧。

越：嗯，老将军好好养病吧，不影响您休息了，再见！

万历十五年十二月二十日（1588年1月17日），戚继光带着遗憾、不甘和委屈在故乡蓬莱离开了人世，享年六十岁。七年后，留守蓟州的原戚家军旧部因集体讨要军饷发生哗变，遭到残酷镇压。五十六年后，大明灭亡，努尔哈赤的后代率清军入关，逐步建立起对全国的统治。

万历帝
不好了，倭寇又来了！
军情
戚爱卿救我！
陛下，戚将军已经死了！

# 广告小铺

## 放妻书

我与妻子成婚以来，本来是恩恩爱爱，后来感情越来越淡薄，争吵也一天比一天多。看在多年夫妻的情分上，实在不忍心再这样过下去，现决定心平气和地解除婚姻关系，从此后，男婚女嫁，各随心意，互不干涉。

戚继光

## 请求恤典

家父戚继光曾官拜正一品左都督，兼太子太保、少保，但他死后，朝廷却没有任何表示，实在让人寒心和难以理解。还请朝廷念在家父一生忠心报国的分上，给予恤典。

戚家长子　戚祚国

之后，朝廷下诏祭葬，但仍然没有赐谥号。一直到万历末年，这位战神才被赐谥号“武庄（后改为‘武毅’）”。

## 求购《止止堂集》初刊足本

本人非常喜欢戚继光戚老将军的作品，之前买过他的诗文集《止止堂集》初刊足本，却不幸在搬家途中遗失。如有哪位朋友手中有这本书，本人愿花重金购买。

戚将军的老粉丝　刘老二

# 智者无敌 王者为大

## 第4关

1. 《纪效新书》的姐妹篇是哪本书？
2. 隆庆和议中，大明给俺答汗的是什么封号？
3. 明朝的杰出武将除戚继光、俞大猷外，还有哪两位？
4. 戚继光在修建长城时，有什么样的创造性措施？
5. 中国第一支火枪骑兵队是由谁建立的？
6. 汤泉大阅兵的举办地汤泉，位于今河北哪个地方？
7. 朵颜卫曾经帮助哪个皇帝夺得皇位？
8. 戚继光和哪位总兵联手，赶跑了辽东的蒙古人？
9. 被称为“震惊史册的绝招”的是什么？
10. 蒙古人在辽东的势力衰微后，哪个部落逐渐强大起来了？
11. 戚继光的偶像是谁？
12. 戚继光的诗文集叫什么？
13. 戚继光死后多少年，明朝灭亡了？
14. 戚继光死后的谥号是什么？
15. “男儿铁石志”的下一句是什么？

# 智者为王答案

## 第1关答案

1. 山东济宁。
2. 戚斌。
3. 神机营。
4. 戚继光。
5. 卫所，卫指挥使。
6. 不是。
7. 但愿海波平。
8. 武举人。
9. 庚戌之变。
10. 署都指挥佥事。
11. 登州、即墨和文登。
12. 汪直、徐海。
13. 他的远房舅舅。
14. 张经。
15. 瓦氏夫人。

## 第2关答案

1. 离间计。
2. 宁绍台参将。
3. 龙山之战。
4. 擂鼓是前进，鸣金是收兵。
5. 摇旗是全军向前进攻，挥旗是改变方向或改变行动。
6. 岑港之战。
7. 浙江杭州。
8. 俞大猷。
9. 徐渭，嘉靖皇帝。
10. 浙江丽水。
11. 鸳鸯阵。
12. 唐顺之。
13. 《剑经》。
14. 唐顺之。
15. 因为士兵个人心眼越多，军队越容易吃亏。

## 第3关答案

1.《纪效新书》。
2. 虎蹲炮。
3. 空城计。
4. 嘉靖四十一年（1562年）。
5. 横屿岛、牛田、林墩。
6. 横屿岛。
7. 光饼。
8. 牛田。
9. 没有确凿史实依据。
10. 林墩之战。
11. 兴化府城。
12. 反切码。
13. 平海卫大捷。
14. 忠君报国的贤臣含冤入狱，最终冤死狱中，随身佩戴的宝剑也一起被掩埋。纵然身死，他的忠魂却依然在万里白云间徘徊，护佑国家，不肯散去。

## 第4关答案

1.《练兵实纪》。
2. 顺义王。
3. 谭纶、李成梁。
4. 创建空心敌台。
5. 戚继光。
6. 遵化市。
7. 明成祖朱棣。
8. 李成梁。
9. 指汤泉大阅兵。
10. 建州女真。
11. 王阳明。
12.《止止堂集》。
13. 五十六年。
14. “武庄（后改为‘武毅’）”。
15. 总是报君心。

# 戚继光生平大事年表

| 时间 | 年龄 | 大事记 |
| --- | --- | --- |
| 公元1528年 | 1岁 | 出生于山东济宁州鲁桥镇。 |
| 公元1544年 | 17岁 | 父亲戚景通病逝，获袭登州卫指挥佥事。 |
| 公元1546年 | 19岁 | 正式上任登州卫。 |
| 公元1549年 | 22岁 | 参加山东乡试，中武举。 |
| 公元1550年 | 23岁 | 参加京师会试时，碰上“庚戌之变”，被任命为总旗牌官，协助督防九门。 |
| 公元1553年 | 26岁 | 晋升署都指挥佥事，督山东备倭事，管理登州、即墨、文登三营二十五个卫所。 |
| 公元1555年 | 28岁 | 调任浙江都指挥使司佥事，负责浙江沿海备倭。 |
| 公元1556年 | 29岁 | 升任宁绍台参将，在龙山打响抗倭第一战。 |
| 公元1558年 | 31岁 | 参与岑港之战，围剿倭寇余党。 |
| 公元1559年 | 32岁 | 招募义乌新兵，组建戚家军。 |
| 公元1560年 | 33岁 | 著《纪效新书》，创鸳鸯阵，任台金严参将。 |
| 公元1561年 | 34岁 | 因取得台州大捷，升都指挥使。 |
| 公元1562年 | 35岁 | 奉命援闽抗倭，并先后取得横屿岛、牛田、林墩大捷，回浙后升任浙江副总兵。 |
| 公元1563年 | 36岁 | 再次援闽，与俞大猷、刘显联合作战，取得平海卫大捷，升任福建总兵官。 |
| 公元1568年 | 41岁 | 奉命北上，总理蓟州、昌平、保定三镇练兵事务。 |
| 公元1569年 | 42岁 | 担任蓟州总兵官，开始练兵修长城。 |
| 公元1571年 | 44岁 | 写成《练兵实纪》。 |
| 公元1574年 | 47岁 | 因守蓟州练兵筑城、屡立边功，晋升为左都督。 |
| 公元1579年 | 52岁 | 协助辽东守军击败蒙古人。 |
| 公元1583年 | 56岁 | 受张居正案牵连，调任广东总兵官。 |
| 公元1585年 | 58岁 | 遭朝中大臣弹劾，被迫罢官回乡。 |
| 公元1588年 | 60岁 | 在生计困顿、郁郁寡欢中病逝于家乡蓬莱。 |